KB178563

떠나고 남은 자리에서 마음을 토닥이는 법

수의사 선생님과 정신분석 전문의 선생님이 전하는
상실과 상처, 극복에 대한 이야기

단장(斷腸)의 아픔은 자식의 죽음을 보는 어미의 창자가 끊어지는 고통을 말한다. 반려동물의 상실과 소멸로 인한 고통은 보호자 삶에서 당연한 과정이라 여기고 견뎠다. 하지만 이 책을 통해 펫로스 이후에 겪는 슬픔은 그저 견디고 위로할 삶의 얼룩이 아니라 반드시 치유해야 할 상처였다는 사실을 깨달았다.

_ 김병민(한림대학교 나노융합스쿨 겸임교수,《숨은 과학》저자)

반려동물 보호자들의 지극한 애정을 이해하고 수의학 전문가들의 명확한 지식과 정보까지 어우르는 책이다. 반려동물에 관련한 저자의 다양한 경험과 남다른 이해는 반려동물 보호자들이 펫로스의 슬픔을 수용하고 치유하는 데에 큰 도움이 될 것이다.

_ 심용희(수의사,《펫로스 사랑한다 사랑한다 사랑한다》저자)

수명이 다한 반려동물을 떠나보내는 일은 사랑하는 가족을 잃은 슬픔만큼이나 힘들고 고통스러운 순간이다. 오래전, 나의 첫 반려묘 아톰을 잃었을 때 이 책이 있었다면 얼마나 좋았을까 생각했다. 가장 어둡고 캄캄한 날에 등불이 되어주는 책이다.

_김명철(고양이행동전문수의사)

반려동물과 이별한 사람을 위한 책

반려동물과 이별한 사람을 위한 책

초판 1쇄 2021년 2월 10일
초판 5쇄 2023년 6월 29일

지은이 이학범
감　수 김건종
펴낸이 박영미
펴낸곳 포르체

편집팀장 임혜원
편　　집 김성아, 김선아, 김다예
마 케 팅 김채원, 김현중

출판등록 2020년 7월 20일 제2020-000103호
전화 02-6083-0128 **팩스** 02-6008-0126
이메일 porchetogo@gmail.com

ⓒ 이학범, 김건종(저작권자와 맺은 특약에 따라 검인을 생략합니다.)

ISBN 979-11-91393-00-2 (03180)

- 이 책은 저작권법에 따라 보호받는 저작물이므로 무단전재와 무단복제를 금지하며, 이 책 내용의 전부 또는 일부를 이용하려면 반드시 저작권자와 포르체의 서면 동의를 받아야 합니다.
- 이 책의 국립중앙도서관 출판시도서목록은 서지정보유통지원시스템 홈페이지 (http://seoji.nl.go.kr)와 국가자료공동목록시스템(http://www.nl.go.kr/kolisnet)에서 이용하실 수 있습니다.
- 잘못된 책은 구입하신 서점에서 바꿔드립니다.
- 책값은 뒤표지에 있습니다.

반려동물과 이별한 사람을 위한 책

펫로스, 남겨진 슬픔을 갈무리하는 법

이학범 지음
김건종 감수

풀리체

펫로스, 남겨진 슬픔을 갈무리하는 법

　몇 년 전, 부산에서 40대 여성이 펫로스 증후군(Pet loss Syndrome)으로 힘들어하다가 스스로 목숨을 끊었습니다. 많은 사람이 댓글로 "사람이 죽은 것도 아닌데, 동물이 죽었다고 자살까지 할 일인가?"라고 비난했습니다. 어릴 때부터 동물을 많이 길러보고, 또 떠나보낸 경험도 여러 번 있었던 저조차 '펫로스 증후군으로 사람이 자살까지 할 수 있구나'라고 처음 생각하게 됐죠. 하지만 시간이 지나면서 '자살까지 할 수 있구나'라는 생각은 '자살까지 고려할 정도로 힘들어하는 사람들이 정말 많구나'로 바뀌게 되었습니다.

　주변에 수많은 사람이 반려동물과 이별한 뒤, 정상적인 생활이 힘들어 회사를 그만두거나, 10년간 끊었던 담배를 다시 태우거나, 알코올 중독에 빠지거나, 외상 후 스트레스 장애(Post-traumatic

Stress Disorder, PTSD)가 생겨 진료를 받는 등 힘들어하더군요. 수의사이면서도 '펫로스 증후군의 심각성'을 미처 깨닫지 못했던 제가 부끄러워졌습니다.

얼마 전 한 설문조사에서 반려동물 보호자에게 '생활에 가장 큰 기쁨을 주는 것'을 물었더니 반려동물이 1위를, 가족 구성원이 2위를 차지했습니다. 다른 가족보다 반려동물이 더 큰 기쁨을 주는 존재라는 뜻이죠. 저는 그 이유가 반려동물이 주는 '차별 없는 사랑'이라고 생각합니다. 반려동물은 언제나 100% 최선을 다해 나를 사랑합니다. 내가 실수해도, 잘못해도, 못생겨도, 공부를 못해도, 회사에서 혼나고 와도 반려동물은 나를 꾸짖지 않고 무조건 사랑해줍니다. 내 직업이 뭔지, 돈이 얼마나 있는지, 몸무게가 얼마인지 따지지 않죠. 언제나 내 편이 되어주고, 편안함과 안정감의 원천이 되어줍니다. 이처럼 무슨 일이 있어도 우리를 응원해주는 존재가 떠났는데, 아프고 힘들지 않다면 오히려 이상하겠죠?

미국수의사회(AVMA)에 따르면, 반려동물이 죽었을 때 느끼는 슬픔은 가장 가까운 사람이 죽었을 때의 슬픔과 비슷하다고 합니다. 남성은 친한 친구를 잃은 슬픔을 느끼고, 여성은 자식을 잃은 슬픔을 느낀다고 해요. 이처럼 반려동물의 죽음은 보호자의 삶을 뒤흔드는 큰 사건입니다.

예전보다 수명이 많이 늘었지만, 여전히 반려견과 반려묘의 평균 수명은 20년이 안 됩니다. 반려동물의 수명이 사람보다 짧아서, 사람의 죽음을 경험하기 전에 반려동물의 죽음을 먼저 경험하는 경우도 많습니다. 처음으로 사랑하는 존재를 떠나보냈기 때문에 슬프고, 우울하고, 수면장애를 겪고, 죄책감을 느끼고, 일상생활에 어려움을 겪을 수 있습니다.

반려동물과 이별 뒤 겪는 이러한 '힘듦'은 정상적인 과정입니다. 중요한 것은 펫로스에 의한 삶의 변화를 이해하고 상실을 받아들이면서, 머지않아 다시 일상생활로 건강히 돌아와야 한다는 점입니다. 이때 주변 사람들의 지지와 도움이 필요합니다. 하지만 여전히 우리나라에서 이런 지지와 도움을 받기는 어렵습니다. 펫로스 증후군을 극복하지 못하고 자살한 사람의 기사에 비난 댓글이 달리는 게 우리나라의 현실입니다. 어린아이를 떠나보낸 것처럼 슬픈데, 사회적 지지를 받지 못하고 충분히 슬퍼하지 못하죠. 펫로스 증후군이 생기지 않는 게 오히려 이상한 상황 아닐까요?

현실이 이러니 많은 보호자가 반려동물을 떠나보낸 뒤 다시는 동물을 기르지 않겠다고 다짐합니다. 가장 큰 기쁨을 주는 존재로 꼽을 만큼 반려동물이 주는 행복이 크지만, 다시 행복해질 기회를 포기하고 맙니다.

그래서 보호자도, 주변 사람도 공부가 필요합니다. 슬픔을 잘 극복하고 다시 일상생활로 돌아가려는 스스로의 노력과 함께 펫로스로 슬퍼하는 사람이 펫로스 증후군에 빠지지 않도록 도와주는 주변의 노력이 있어야 합니다.

해외 선진국에서는 이미 1980년대부터 펫로스 증후군의 심각성이 알려지고 관련 연구가 많이 진행됐습니다. 도움이 되는 서적도 많습니다. 그런데 우리나라에는 관련 자료가 거의 없습니다. 나라마다 죽음을 받아들이는 문화적 차이가 큰데, 우리나라 현실에 맞는 자료를 찾기 힘듭니다. 펫로스 증후군으로 힘들어하는 사람은 많아지고 있지만, 현실적으로 도움이 되는 자료는 부족한 상황이죠. 국가 간 펫로스 증후군에 관한 연구량의 격차가 크기 때문에 반려동물과의 이별을 하찮게 여기는 사회적 분위기가 형성된 것은 아닐까요?

그래서 이 책을 쓰게 됐습니다. 실제로 도움이 되는, 우리나라 현실에 맞는 책이 필요하다고 생각했습니다. 펫로스 증후군을 겪은 분들을 만나고, 관련된 일을 하는 분들의 조언을 들으며 책을 썼습니다. 물론 해외 자료와 문헌도 많이 찾아봤습니다. 이 책이 펫로스 증후군으로 힘들어하는 분들에게 조금이나마 위로와 도움이 되길 바랍니다. 또한, 곧 다가올 이별을 걱정하는 노령 반려동물 보호자와, 펫로스로 슬퍼하는 사람들을 돕고 싶은 분들에게도 도움이 됐으면 좋겠습니다.

2021년 1월, 14세 반려묘 '루리' 아빠 이학범

1장
상실의 슬픔

2장
한국사회에서
반려동물을 잃는다는 것

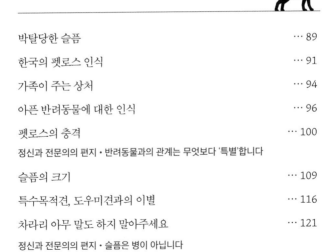

3장
이별 후, 남은 사람의 슬픔

4장
이별을 준비하는 방법

1장

상실의 슬픔

슬픔이 아직 생생한데 회피하면 문제가 더 악화될 뿐이다.

슬픔이 완전히 소화될 때까지 기다려야 한다.

- 사무엘 존슨(Samuel Johnson)

펫로스 증후군은 상실의 쓰나미다

"로빈이를 떠나보낸 뒤 일주일이 지났습니다. 학교에 가기 싫고, 가더라도 수업에 집중할 수가 없습니다. 저 괜찮은 걸까요?"

"콩이가 떠난 지 2년이 넘었습니다. 그런데 아직도 콩이의 죽음을 받아들이지 못하고, 콩이와 보낸 시간을 생각하면 눈물이 멈추질 않습니다. 잠도 제대로 못 잡니다. 저 괜찮은 걸까요?"

펫로스 후 자신이 괜찮은지 묻는 분들이 종종 있습니다. 로빈이 보호자처럼 반려동물을 떠나보낸 직후 일상생활이 안 되는 것은 괜찮습니다. 건강하고 정상적인 슬픔 과정이거든요. 하지만 콩이 보호자처럼 시간이 꽤 지났는데도 반려동물의 죽음을 납득하기 어렵고, 여러 가지 슬픔 증상이 이어진다면 도움이 필요한 상황입니다.

펫로스 증후군은 반려동물과 이별한 뒤 보호자가 느끼는 우울증, 수면장애, 대인기피, 불안, 외로움, 공허함, 불안감 등의 정신적, 심리적 문제를 의미합니다. 증상이 심하면, 죽은 반려동물 없이는 인생이 공허하다고 느껴 삶을 포기하는 경우까지 생깁니다.

펫로스 증후군은 일반적인 '슬픔'과 조금 다릅니다. 반려동물을 떠나보낸 뒤 슬픔을 느끼는 것은 정상입니다. 미국의 전문상담사인 산드라 바커(Sandra Barker)는 "중요한 상대를 상실한 이후 느끼는 슬픔은 자연스럽고 정상적인 반응이자 치유과정"이라고 강조했습니다. 하지만 슬픈 기간이 길어지거나 여러 가지 증상을 동시에 느껴서 일상생활을 하기 어렵다면 펫로스 증후군으로 봐야 하며, 주변의 도움이 필요합니다. 즉, 펫로스(Pet loss, 반려동물과의 이별)는 괜찮지만, 펫로스 증후군(Pet loss Syndrome)은 괜찮지 않습니다.

'증후군(Syndrome)'은 한 사람이 여러 가지 증후를 보일 때 그 증후들을 통틀어서 부르는 용어입니다. 펫로스 증후군도 '증후군'으로 불리는 만큼, 반려동물과 사별 이후 보일 수 있는 증상은 다양합니다. 우리가 펫로스 후 보일 수 있는 대표적인 슬픔 증상은 다음과 같습니다.

울음, 우울감, 죄책감, 외로움, 분노, 수면장애, 사회 활동 감소, 목에 응어리진 느낌, 식욕부진, 혼자 있고 싶음, 후회, 무기력, 삶에 대한 회의, 반려동물 생각에 사로잡힘.

펫로스를 경험한 보호자의 93%가 수면장애에 시달렸다는 조사가 있습니다(Quackenbush & Glickman, 1984). 특히 악몽을 꾸는 경우가 많았습니다. 펫로스를 겪은 보호자 중 약 70%는 펫로스 후 사회 활동이 줄었다고 말했습니다. 집에 더 자주 있고, 말수가 줄고, 친구를 만나는 시간을 줄여 반려동물을 생각하고 그리워하는 데 대부분의 시간을 보냈다고 답했죠. 절반 정도의 보호자는 병가나 연차를 써서 1~3일 정도 회사를 쉬었다고 응답했습니다.

원래 이러한 증상들은 시간이 지나면서 자연스레 줄어듭니다. 미시간 대학교에서 수행된 연구(Thomas A. Wrobel & Amanda L. Dye, 2003)에 따르면, 펫로스를 겪은 보호자가 최소 한 가지 이상의 슬픔 증상을 보이는 비율은 초기에는 86%였고, 6개월 뒤에는 35%, 1년 뒤에는 22%로 감소했습니다. 참고로 1년 뒤 가장 많이 느낀 증상은 반려동물 생각에 사로잡힘(9.2%)이었습니다. 펫로스 후 초기 슬픔은 1~2개월간 이어지고, 평균적으로 10개월 정도 슬픔이 지속된다는 연구 결과도 있습니다. 즉, 많은 사람이 '정상적으로' 반려동물과 이별한 뒤 일정 기간 슬픔을 느낍니다. 건강한 과정입니다. 이런 슬픔은 피할 필요도 없습니다. 자연스럽게 반려동물의 죽음을 애도하면서 시간에 따라 감정을 흘려보내면 됩니다. 시간이 지나면 괜찮아질 테니까요.

떠나간 반려동물에 대한 기억은 결코 사라지지 않고 어느 정도의 슬픔은 항상 남아있겠지만, 그 반려동물을 떠올릴 때의 고통은 점점 줄어듭니다. 집중력도 다시 살아나고, 수면 패턴도 원래대로 돌아오며 펫로스 이전의 일상생활로 돌아갈 수 있습니다. 따라서, 반려동물을 보내고 나서 슬픔을 느끼는 것에 대해 자책하거나 이상하게 생각할 필요는 전혀 없겠죠?

증상	초기	6개월 뒤	1년 뒤
울기	73.6%	10.3%	5.7%
우울감	56.9%	9.8%	4.6%
외로움	52.3%	14.4%	7.5%
죄책감	51.1%	11.4%	7.5%
분노	30.5%	8.0%	4.6%
식욕부진	16.1%	1.7%	0.6%

※Thomas A. Wrobel & Amanda L. Dye, 2003

그런데 시간이 꽤 지났음에도 증상이 이어지거나, 여러 가지 증상이 동시에 나타난다면 문제가 됩니다. 예를 들어, 펫로스를 겪고 1년이 지난 어느 날 갑자기 떠난 반려동물 생각이 났다고 합시다. 여기까지는 괜찮아요. 그런데 슬픔이 여기서 그치지 않고, 쓰나미처럼 조절하기 힘든 울음, 우울감, 외로움, 죄책감 등으로 이어져서 일상생활에 영향을 주면 펫로스 증후군이라고 봐야 합니다. '청춘상담소 좀놀아본언니들'의 장재열 대표는 펫로스 증후군을 '상실의 쓰나미'라고 표현했습니다.

슬픔 때문에 회사에 나가기 어렵고, 학교에 갈 수 없고, 아무것도 귀에 들어오지 않으며 눈물만 나고, 다른 사람과의 관계 유지가 어려워지는 일이 생깁니다. 허전함에 집에 들어가지 못하고, 반려동물이 죽은 원인이 자신에게 있다며 계속 자책하거나, 갑자기 분노가 치밀어 올라 가족이나 회사 동료에게 화를 낼 수도 있습니다. 반려동물과 자주 갔던 장소에 가지 못하고, 반려동물을 생각하면 긍정적인 추억보다 부정적인 기억만 떠오르기도 합니다. 상실감에 극단적인 선택을 할 수도 있습니다. 정상적이고 건강한 과정이라고 보기 어렵죠.

사람마다 애도의 방식도 다르고 기간도 다릅니다. 정답은 없겠지요. 그래도, 일반적으로 '슬픔의 기간'과 '증상의 개수'가 '건강한 슬픔'과 '펫로스 증후군'을 구분하는 데 중요하다고 합니다. 반려동물과 이별 뒤 즉각적으로 나타난 증상이라면 괜찮지만, 기간이 길어지면 펫로스 증후군일 가능성이 있습니다. 초기라 하더라도 여러 가지 증상이 함께 나타난다면 도움이 필요할 수 있습니다. 펫로스를 겪은 분이라면 내가 얼마 동안 어떤 슬픔 증상을 보이는지 스스로 점검해야 합니다. 주변에서는 펫로스를 겪은 사람이 언제까지 힘들어하는지 관심을 가지고 지켜봐야겠죠?

\<펫로스 증후군 자가 진단 체크리스트\>

○ 극심한 우울감, 죄책감, 불안감을 경험한다.

○ 쉽게 잠에 들지 못하고 중간에 깨어난다.

○ 쉽게 무기력감이나 피로감을 느낀다.

○ 일상생활이나 직무 상황에서 어려움을 겪고 있다.

○ 식욕이나 체중에 큰 변화가 생겼다(1개월 동안 5% 이상).

○ 죽음이나 자살을 자주 생각한다.

○ 사별 순간에 대한 기억들이 자주 떠올라 힘들다.

○ 예민하고 긴장된 상태인 경우가 많다.

○ 자신, 타인, 세상에 대한 부정적인 신념이 생겼다.

○ 사별을 떠올리게 만드는 장소, 사람, 대화를 피한다.

※서울 펫로스 심리상담센터 '안녕' 조지훈 원장 제공

위에서 '네'라고 대답한 문항이 5개 이상이라면 정신건강 관련 전문가를 찾아 상담을 받아보기를 추천합니다.

당신의 리듬대로
슬퍼해도 괜찮습니다

괜찮은 슬픔과 괜찮지 않은 슬픔을 구분하는 것은 어렵습니다. 우리에게 얼마나 오래, 얼마나 깊이 슬퍼하는 것이 허락될까요? 더 이상 괜찮지 않은 순간을 구분할 수 있는 것은 자신일까요, 타인일까요, 혹은 전문가일까요?

공식 정신의학적 진단의 기준이 되는 DSM-V(Diagnostic and Statistical Manual of Mental Disorder, 정신장애진단 및 통계편람 제5판)에는 '지속성 복합 사별 장애'라는 진단이 존재합니다. 여기에서는 성인의 경우 증상 지속 기간이 12개월 이상, 어린이는 6개월 이상의 기간을 명시하고 있습니다. 즉 1년 정도는 상실로 인해 많이 슬퍼해도 괜찮지만 일상을 침입하는 슬픔이 1년을 넘어가면 이는 장애로 진단할 수 있는 병적 문제가 된다는 것입니다.

그러나 우리 모두 살아온 삶이 다르고, 상실의 의미가 다르고, 상실을 처리할 수 있는 마음의 능력이 다르고, 도움을 받을 수 있는 주변 상황이 다릅니다. 따라서 이러한 구체적 시간의 명시는 통상적 참고 기준 이상의 의미는 없습니다. 프랑스 철학자 롤랑 바르트(Roland Barthes)는 "누구나 자기만이 알고 있는 아픔의 리듬이 있다"라고 말했습니다. 실제로 한 사람이 경험하는 고유한 슬픔을 측정할 수 있는 객관적 지표는 세상에 없으며, 모든 슬픔은 지극히 개인적입니다. 우리가 슬픔에서 벗어나는 데 11개월이 걸리면 괜찮고 13개월이 걸리면 문제가 되는 것은 아닐 테니까요. 따라서 정확한 기간이나 구체적 증상 유무보다는 이 상실이 내게 얼마나 고통을 주는지, 홀로 감당하기에 너무 무겁지는 않은지, 타인의 도움이 필요한 것은 아닌지 생각해보는 것이 더 중요합니다. 다른 사람에게 손을 내미는 일은 언제든 너무 이르지도, 너무 늦지도 않습니다.

펫로스 이후의 감정 단계
(상실의 단계)

펫로스 후 슬픔을 이겨내고 반려동물의 죽음을 받아들이는 과정은 일반적으로 5단계로 구성됩니다.

부정 ▶ 분노 ▶ 타협 ▶ 절망 ▶ 수용

가장 먼저, 자신의 반려동물이 죽었다는 사실을 믿지 못하는 '부정' 단계가 시작됩니다. 사랑하는 존재를 잃었다는 사실을 인정하지 않는 것이죠. 그 뒤에는 분노가 이어집니다. 더 잘해주지 못한 자신에게 화를 내는 겁니다. 때때로 주변 사람에게 화를 내기도 합니다. 종종 가족, 친구, 수의사를 원망의 대상으로 지목합니다. 다음으로는 타협하려는 모습을 보입니다. 착한 행동을 함으로

써 슬픈 현실을 연기하려는 것이죠. 그 뒤에는 죄책감, 우울감 등 슬픔의 감정이 전형적으로 나타나는데요, 이때 떠난 반려동물에 대한 기억이 가장 많이 납니다. 그리고 마지막으로 수용이 이어집니다. 반려동물의 죽음을 받아들이고, 일상생활로 돌아가는 납득의 과정이죠.

몇 달에 걸쳐 이 5단계를 경험하고 원래 생활로 돌아가는 과정이 일반적입니다. 그런데 계속 반려동물의 죽음이 납득되지 않고, 시간이 충분히 지났음에도 여러 가지 슬픔 증상이 계속해서 나타난다면 펫로스 증후군이라고 볼 수 있습니다. 5단계 중 마지막 단계가 오지 않은 채, 4번째 단계가 오랫동안 지속되는 상황입니다. 펫로스 후 일반적인 슬픔 과정은 위와 같지만, 상황에 따라 슬픔의 종류와 세기가 꽤 달라지기도 합니다. 특히 '죽음의 원인'과 '애착관계 정도'에 따라 차이가 생깁니다. 즉, 펫로스 후 슬픔은 사람마다 다를 수 있습니다. 슬픔에 정답은 없습니다.

죽음의 원인에 따라
달라지는 슬픔

    반려동물이 죽는 이유는 다양합니다. 그리고 그 죽음의 원인에 따라 보호자가 느끼는 슬픔의 정도가 달라집니다. 반려동물이 수명을 다해 자연사한 경우와 교통사고로 하루아침에 떠난 경우, 우리가 느끼는 슬픔은 다릅니다. 반려동물이 다른 사람에게 학대를 당해 죽는 경우도 있고, 보호자가 반려동물을 잃어버려서 생사조차 알지 못하는 경우도 있습니다. 질병에 의한 죽음도 병을 앓은 기간이 짧을 때와 오랜 기간 치료를 받은 경우에 보호자의 슬픔이 달라집니다. 심지어 안락사를 한 경우와 그렇지 않은 경우도 차이를 보입니다. 각 상황에 따라 펫로스를 준비하는 시간적·정신적 여유가 다르기 때문입니다.

    일반적으로 반려동물을 사고로 떠나보낸 사람이 그렇지 않은 사람보다 더 큰 슬픔을 느낍니다. 사고를 예방하지 못했다는 죄책감을 느끼며 자책합니다. 반려동물의 죽음을 인지하고 나서 정신적으로 받아들일 시간이 충분하지 않기 때문에 펫로스 증후군에 빠집니다. 더 나아가 외상 후 스트레스 장애를 겪는 분도 있습니다. 하루아침에 반려견을 사고로 잃은 뒤 계속해서 어머니를 반려견의 이름으로 불렀던 보호자가 있었습니다. 충격 때문에 그만 어머니의 이름을 헷갈리고 만 것이죠. 이처럼 '준비 없는 이별'은 슬픔을 더 무겁게 합니다.

반려동물을 유실한 경우도 슬픔에 차이가 나타납니다. 반려동물을 잃어버리면 일반적인 상실의 슬픔과 함께 추가적인 감정이 드는데요, 반려동물의 죽음을 확인하지 못했기 때문에 "혹시 누구한테 학대받고 있는 것은 아닐까?"라는 걱정과 "어디서든 좋은 사람을 만나서 행복하게 지냈으면 좋겠다"라는 바람이 상존합니다.

한 가지 흥미로운 연구 결과가 있습니다. 반려동물을 안락사한 보호자보다 안락사하지 않은 보호자들이 오히려 슬픔을 더 크게 느꼈다는 연구입니다. 흔히 반려동물을 안락사하면 더 큰 심리적 고통을 느낄 것이라고 생각하지만, 실제 조사에서는 반대의 결과가 나왔습니다. 이유는 '반려동물을 안락사하지 않으면 동물이 고통받는 모습을 더 오랫동안 기억하기 때문'이었습니다.

아무렇지 않을 수는
없습니다

정신의학자 엘리자베스 퀴블러 로스(Elizabeth Kubler Ross)는 세상을 떠나기 전 마지막으로 출판한 책 《상실수업》에서 상실의 과정을 부정, 분노, 타협, 절망, 수용의 5단계로 나누었습니다. 깊은 상실과 맞닥뜨린 우리는 처음에는 이를 부정합니다. '이건 꿈이야, 그럴 리 없어! 내게 이런 일이 닥칠 리 없어!'라고 외치며, 현실로부터 고개를 돌립니다. 물론 상실 따위 일어나지 않았다고 막막하게 주장하는 와중에도 우리는 마음 한쪽에서 상실을 지각하고 있습니다. 다만 스스로를 보호하기 위해 잠시 상실을 받아들이는 시간을 늦추는 것입니다.

다음으로는 깊은 분노가 올라옵니다. 이해할 수 없고 납득할 수 없는 일이 일어났다는 사실, 그 일이 다른 누구도 아닌 바로 나에게 닥쳐왔다는 사실이 강렬한 분노를 일으킵니다. 우리는 세상에, 하늘에, 신에게, 자신에게, 마지막으로 떠난 이에게까지 분노를 터트립니다. 이때 분노는 감정 조절의 문제라기보다는 자신을 지키기 위한 본능적 반응입니다. 화를 내는 동안에는 잠시 자신이 강하다는 느낌이 드니까요.

타협은 아직도 상실을 원상복구할 수 있다고 믿고 싶은 상태입니다. 우리는 무언가를 바치거나 희생하면 떠난 그 사람이 돌아올 것이라 믿으며, 아무 일 없던 과거를 회복할 수 있는 가능성을 맹렬히 탐색합니다. "엄마 이제 착한 아이가 될게요. 더 이상 엄마 속 썩이지 않을게요. 돌아오세요."

그리고 마침내 상실을 돌이키는 것은 절대로 불가능하다는 사실을 수용하게 됩니다. 처음부터 마음 깊은 곳에서는 알고 있었지만 절대로 받아들일 수 없었던 진실과 만나는 순간이 옵니다. 우리는 이제야 비로소 절망할 수 있습니다. 절망은 깊은 고통이지만, 한편으로는 혼란을 통과하여 다시 현실로 돌아온 상태이기도 합니다.

수용 단계에서 우리는 상실을 삶의 일부로 받아들입니다. 그러한 사건이 '정말로' 일어났다는 것, 이제 다시는 이전으로 되돌아갈 수 없다는 것, 내 마음의 빈 곳을 완전히 채우는 것은 불가능하다는 사실을 인정합니다. 그래서 '괜찮다'라고 할 수는 없지만 상실, 슬픔, 기억과 함께 살아갈 수 있을 것 같다고 조심스럽게 말할 수 있게 됩니다.

퀴블러 로스의 이 단계들은 양날의 검입니다. 한편으로 이는 상실의 깊은 혼란 속에서 지금 내 자리를 조심스럽게 더듬어 찾을 수 있도록 도와줍니다. 또한 나만 이상한 것이 아니라, 상실을 겪은 사람은 누구든 나와 같은 극심한 고통을 겪을 수 있다는 안도와 위로를 줍니다. 하지만 사람들은 종종 이 상실 단계를 반드시 거쳐야 하는 필수 코스나 빨리 빠져나와야 하는 병리적 증상들(콧물이 흐르다가 기침을 하고 열이 나다가 천천히 회복하는 것처럼)로 이해합니다. 그럴 때는 이 단계들이 오히려 상실을 겪는 사람들을 비난하고 강요하는 압력("아직도 분노의 단계에 머물러 있는 거야? 이제는 좀 받아들여야 하는 거 아니야?")이 되어버립니다.

퀴블러 로스는 한 번도 이 단계들이 빨리 통과해야 하는 일시적 증상이라고 말한 적이 없습니다. 혹은 이 단계를 차례대로 거치지 않으면 안 된다고 주장하지도 않았습니다. 그녀는《상실수업》에서 "우리는 상실의 단계를 광범위하게 이용하면서도 악용해왔다. 우리 사회는 거의 '우울 근절 캠페인'에 참가한 것처럼 보인다"라고 썼습니다. 우리 각자는 고유한 삶 속에서 누구와도 비교할 수 없는 상실을 겪습니다. 그러한 상실에는 어떤 평균도, 어떤 법칙도 없습니다. 사랑하는 존재를 떠나보내고 정말 아무렇지도 않은 상태로 돌아가는 것이 정상일 리도 없습니다. 아무렇지도 않은 사람을 비난할 수는 없지만, 오래도록 마음 아픈 사람이 잘못된 것도 아닙니다.

우리는 깊은 상실을 하나하나 새겨가며 나이를 먹습니다. 그러다 어느 날, 타인에게 상실한 존재가 됩니다. 상실과 슬픔은 우리 삶의 필연이지 일시적 병리가 아닙니다. 롤랑 바르트는 어머니를 잃고 애도하면서 일기에 "망각이란 없다. 이제 그 어떤 소리 없는 것이 우리 안에서 점점 자리를 잡아가고 있을 뿐이다"라고 썼습니다. 소설가 프랜시스 스콧 피츠제럴드(Francis Scott Key Fitzgerald)는 너무도 단호하게 "인생은 물론, 몰락의 과정이다"라고 적었습니다. 새삼 곰곰이 생각해보건대, 피츠제럴드가 말하는 몰락은 타락이나 붕괴가 아니라 상실을 통해 삶이 더 깊어지는 과정일 것입니다. 점점 더 많은 상실을 겪다가, 마침내 스스로를 상실하는 것이 누구도 피할 수 없는 우리 삶의 근본 조건이니까요.

애착관계 정도에 따라 달라지는
상실의 슬픔

반려동물과의 애착관계 정도에 따라 슬픔이 달라지기도 합니다. 여러 연구에서 반려동물과의 '애착관계'가 깊을수록 펫로스 증후군을 심하게 겪게 된다는 점이 공통으로 확인됐습니다. 한 번 반려동물을 떠나보낼 때 괜찮았더라도, 두 번째 반려동물을 잃었을 때 전혀 다른 감정 변화를 겪을 수 있습니다.

사람과 반려동물은 애착관계를 형성합니다. 최근에는 아이를 낳지 않고 다른 사람과 상투적인 사회적 관계를 맺지 않으면서, 반려동물과의 관계를 더 소중히 생각하는 사람들이 늘고 있습니다. 이런 경우 반려동물과 큰 애착관계가 형성되고, 펫로스로 인한 슬픔도 더 커지는 경향이 있습니다.

애착관계 형성에 영향을 주는 요소에는 성별, 나이, 양육환경 등이 있는데, 일반적으로 여성이 남성보다 더 극심하게 슬퍼하는 모습을 보입니다. 아무래도 여성이 남성보다 반려동물에 더 많은 애착을 가지기 때문으로 추정됩니다. 앞서 소개한 연구에 따르면 여성은 남성보다 울음(85.7% VS 51.6%), 죄책감(59.8% VS 35.5%), 통증(33.9% VS 17.7%), 외로움(59.8% VS 38.7%), 목에 응어리진 느낌(50.0% VS 38.7%), 식욕부진(20.5% VS 8.1%)까지 6개의 증상을 더 많이 경험했습니다.

또한, 일반적으로 나이가 적은 사람이 많은 사람보다 더 심하게 슬픔을 느낍니다. 이건 어릴수록 '상실의 경험'이 적어서 그렇습니다. 나이가 있는 분들은 동물은 물론, 다른 사람의 죽음도 더 많이 경험해봤기 때문에 죽음에 대해 조금 더 부드러운 태도를 보이게 될 가능성이 큽니다. 가족 구성원 수가 많을수록 슬픔 증상이 적었다는 연구도 있습니다. 다른 가족들과 함께 펫로스 후의 슬픔을 나누면, 고통을 이겨내기가 더 수월한 것이겠죠. 슬픔을 이해해주고 공감해주는 친구가 많아도 슬픔을 적게 느낍니다. 그만큼, 펫로스 증후군에 가족과 친구들의 정서적인 도움이 중요하다는 뜻이겠죠?

떠난 동물의 나이가 어릴수록 펫로스 증후군 증상이 심해지는 경향도 있습니다. 동물의 종류에 상관없이 해당 종의 기대 수명과 실제 수명(죽은 시점의 나이)의 차이가 클수록 슬픔이 커졌죠. 어린 아이 같은 반려동물이 수명을 다하지 못하고 떠났으니 얼마나 마음이 미어질까요. 실내에서 반려동물과 함께 생활한 사람들이 바깥에서 반려동물을 기른 사람에 비해 더 강한 애착관계를 형성하고, 펫로스 후 슬픔이 더 크다는 조사도 있습니다. 여러 마리의 반려동물을 기른다면, 그중에서 특별히 더 애착이 가는 동물이 있을 수 있습니다. 선천적인 질환이 있어서 더 손이 많이 가는 아이, 다른 아이들과 잘 지내지 못해 늘 신경이 더 쓰이는 아이, 혹은 나와 가장 오랫동안 함께 생활한 '나의 첫 반려동물' 등이 대표적인 예가 됩니다. 이런 아이들은 떠나보내기가 더 힘이 들죠.

위의 내용을 종합해보면, '혼자 사는 젊은 여성이 어린 반려동물을 사고로 잃었다면, 펫로스 증후군을 심하게 겪을 가능성이 크다'는 결론이 나옵니다. 반려동물과 애착관계가 깊을수록 펫로스 증후군을 극복하는 데 더 어려움을 겪었고, 6개월 내에 새로운 반려동물을 입양하는 경우가 적었다는 연구도 있습니다(Gerwolls & Labott, 1994). 물론, 연구와 실제 사례가 언제나 들어맞지는 않지만, 펫로스 증후군을 겪을 확률이 높은 사람이 주변에 있다면 더 관심을 가지고 도움을 주는 것이 필요하겠죠? 또한, 노령 반려동물과 함께하는 분이라면 나와 반려동물 애착관계에 따라 펫로스 후 슬픔이 달라질 수 있다는 점을 기억하고, 반려동물과의 이별을 미리 준비하는 노력이 필요합니다.

반려동물과의 애착관계는
생각보다 깊습니다

정신분석을 공부했던 존 볼비(Edward John Mostyn Bowlby)는 2차 세계대전이 끝난 후, 열악한 환경에서 자라나는 아이들을 만나면서 이 아이들이 자신과 타인을 대하는 방식을 고전적 정신분석 이론만으로는 이해할 수 없다는 사실을 깨달았습니다. 볼비가 발표한 애착 이론 속에서 인간은 어릴 때 자신을 보살피는 사람(대부분 엄마이지만 꼭 엄마일 필요는 없습니다)과 깊은 관계를 맺습니다. 그리고 그 관계 속에서 타인을 깊이 사랑하는 법, 사랑하는 사람을 상실할 때 이에 대처하는 법을 배웁니다. 이렇게 양육자와 맺은 관계의 질과 패턴이 이후에 우리가 타인과 세상을 대하는 원형이 되어, 성인이 된 이후까지도 마음속 깊은 곳에 자리 잡습니다.

나쁘지 않은 엄마가 비교적 평온한 마음으로 아이를 재우고 먹이고 보살피면, 아이는 천천히 세상은 믿을만하고 자신은 사랑받을만한 괜찮은 사람이라는 느낌을 키워갑니다. 그래서 나중에 누군가를 처음 만나도 '저 사람이 나를 좋아하겠지. 저렇게 화를 내지만 금방 진정하겠지. 이 사람은 나를 싫다고 하지만 다 그러는 건 아니겠지'라는 식의 긍정적 예상과 반응을 할 수 있는 여유를 갖추게 됩니다. 상실에 맞닥뜨릴 때도 쉽게 허물어지지 않고, 떠난 존재를 마음속에 잘 품으며 삶을 지속해가는 힘을 갖출 수 있습니다. 하지만 어릴 때 안정적 애착관계가 형성되지 못하면 만남과 상실에 대처하는 마음의 기반은 허약해집니다. 사람들과 친밀한 관계를 맺는 것을 아예 회피하거나, 상실에 대처하지 못하고 쉽게 무너져버릴 수 있습니다.

물론 우리가 모든 사람과 '애착관계'를 맺지는 않습니다. 대부분의 사회적 관계 속에서 우리는 표면적인 감정을 주로 사용하여 사람들과 '적당히' 친하게 지냅니다. 우리는 대개 현실적이거나 실용적인 이유로 타인을 만납니다. 상대가 나를 좋아해 주면 좋지만 싫어하더라도 어쩔 수 없고, 서로에게 도움이 되면 좋지만 그렇지 못하면 관계가 멀어질 수밖에 없는 그저 그런 관계를 맺습니다. 하지만 관계가 친밀해지고, 서로 조금씩 더 가까워질수록 평소에 덮여있던 깊은 감정들이 떠오르고, 차차 우리 마음속 깊이 내장된 애착 패턴이 가동됩니다.

반려동물과의 관계 역시 이런 의미에서 깊은 애착관계로 볼 수 있습니다. 우리는 뭘 얻거나 돈을 벌기 위해서, 혹은 남에게 보여주기 위해서 반려동물을 키우지 않습니다. 우리는 반려동물과 친밀함과 애정을 나누며 깊은 정서적 관계를 맺습니다. 이때 자연스럽게 애착관계가 형성됩니다. 심지어 어릴 때 왜곡된 애착 문제로 인해 평생 타인과 편안한 관계를 맺기 어려웠던 사람조차 반려동물과는 상당히 안정적이고 깊은 애착관계를 맺는 경우가 많습니다. 이들은 처음에는 항상 그래왔듯 반려동물에게 마음을 허락하지 않다가, 천천히 어떤 존재와도 나눠본 적 없는 깊은 신뢰와 사랑의 감정을 경험하게 되었다고 말합니다. 부모님의 갈등으로 이른 시기에 마음의 상처와 외로움이 생겨 우울에서 벗어나기 어려운 아이들이나, 쉽게 또래와 어울리지 못하고 관계에 대한 불안을 호소하는 청소년들이 반려동물을 키우면서 우울을 극복하고 정서적 안정을 획득하는 경우를 드물지 않게 만납니다. 성인 역시 반려동물과 살게 되면서 오래된 우울과 공허에서 벗어나게 되었다고 말하곤 합니다.

　　이렇게 반려동물과의 깊은 애착은 삶에 큰 변화를 일으킵니다. 하지만 어쩔 수 없이 언젠가 이들이 세상을 떠날 때 우리는 그만큼 깊은 상실을 경험합니다. 슬프게도, 우리가 강렬한 애착을 맺은 만큼 상실감과 그로 인한 고통도 깊고 무거울 수밖에 없습니다.

어린아이가 만나는
첫 번째 죽음, 펫로스

어린 자녀와 함께 반려동물을 양육하는 부모라면, 펫로스 후에 자녀들에게 더 관심을 기울여주셔야 합니다. 어린 자녀에게는 펫로스가 인생에서 경험하는 '첫 번째 상실'일 수 있기 때문입니다.

부모님과 함께 물고기를 기르던 6살 아이가 있었습니다. 어느 날 물고기가 죽어서 물 위로 둥둥 떠올랐습니다. 그러자 그 아이가 엄마에게 달려가서 "엄마, 물고기가 뭐 하고 있어요?"라고 물었습니다. "죽었구나"라고 대답하자, 아이는 "왜 죽어요?, 죽는 게 뭐예요?, 죽고 나면 어떻게 돼요?, 엄마랑 아빠도 죽어요?"라고 질문을 이어갔습니다.

한 육아서적에 나오는 사례입니다. 6살 아이도 죽음을 이해하기에는 아직 어린 나이입니다. 보통 만 5세 미만의 어린아이들은 죽음을 제대로 이해하지 못합니다. '죽음에 대한 개념'이 아직 성립되기 전이거든요. 보통 만 6세부터 절반 정도의 아이들이 죽음을 이해하기 시작하고, 만 8세 정도가 되면 모든 아이가 죽음을 이해한다고 합니다.

따라서 어린 자녀들은 반려동물의 죽음을 '영원한 헤어짐'이라고 생각하지 않고, '잠을 자는 것', '잠시 여행을 떠난 것'이라고 받아들입니다. '끝'이라는 개념을 아직 이해할 수 없기 때문이죠. 그래서 자녀들은 반려동물이 떠났을 때 "엄마, 코코 어디 갔어? 언제 오는데?"라고 물을 수 있는데, 이때 부모의 대답이 중요합니다.

자녀가 죽음이라는 개념을 무서워하지 않도록 알려주면서, 대답을 회피하지 말고 분명히 얘기하는 게 더 좋습니다. 예를 들어 "코코 언제 오는데?"라는 질문에, "진수가 말을 잘 들으면 온대"라든지, "진수가 이번에 시험을 잘 봐야지 돌아와"라는 식의 지킬 수 없는 거짓말은 오히려 실망만 안겨주고 부모에 대한 신뢰도를 떨어뜨릴 수 있습니다. "깊은 잠에 빠진 거야"라는 식의 완곡어법도 자녀에게 혼란을 주기 때문에 추천하지 않습니다. "지금 코코는 매우 아파서 우리가 사는 곳이 아닌 다른 곳으로 먼저 떠났어. 이제 앞으로 만날 수 없을 거야"라고 부드럽지만 분명한 말투로 확실하게 얘기해 주는 편이 훨씬 낫습니다. 자녀가 그 말을 100% 이해할 수 없더라도 말이죠.

많은 부모가 펫로스라는 큰 고통으로부터 어린 자녀를 보호하고 싶어 합니다. 그래서 펫로스 전후 슬픔 과정에서 자녀들을 배제하려고 합니다. 하지만 이런 부모들의 행동에 자녀들은 오히려 소외감을 느낄 수 있습니다. 반려동물과의 이별을 앞두고 있을 때부터 자녀에게 죽음에 대해 알려주고, 현 상황에 대해 천천히 설명해주는 게 도움이 됩니다.

함께 반려동물의 사진을 모아 사진첩을 만들고, 물품을 같이 정리하는 것도 추천합니다. 반려동물을 화장할 거라면, 반려동물 장례식장에 같이 가는 것도 자녀의 이해를 도울 수 있습니다. 어린 자녀 몰래 반려동물 장례를 치르는 건 자녀에게 큰 배신일 수 있습니다. 아이들도 누구보다 반려동물을 사랑했기 때문에, 반려동물에게 인사를 할 기회가 있어야 하지 않을까요? 반려동물 납골당에 찾아갈 때 자녀를 데려가는 방법도 있습니다. 또한, 자녀가 분리불안에 빠지지 않도록 함께 많은 시간을 보내야 합니다. 일찍 퇴근하려고 노력하고, 같이 놀러 다니면서 긍정적인 시간을 보내는 거죠. 그럼 죽음을 부정적으로 받아들이지 않게 됩니다.

어린아이들은 펫로스 경험을 통해 죽음이라는 개념을 이해하게 되고, 이별하는 법을 배웁니다. 반려동물이 아이에게 얼마나 특별한 존재였는지 스스로 돌아보고, 말할 기회도 얻게 되죠. 실제로 반려동물과 함께 살아온 아이들이 그렇지 않은 아이들보다 죽음을 더 잘 이해하고, 이별과 상실로 슬퍼하는 사람들을 더 잘 공감해준다는 연구 결과도 있습니다. 아동발달센터를 운영하는 셸던 에이커스(Sheldon Acres) 박사는 "아이들이 이별과 죽음에 대해 얼마나 빨리 이해하는지는 전적으로 '이별과 상실' 과정에서 부모들이 얼마나 진실하게 설명하는지에 달려있다"고 말하기까지 했습니다. 따라서 부모로서 펫로스를 경험한 아이가 건강하게 죽음을 이해할 수 있도록 돕는 노력을 해야 합니다.

물론, 부모 스스로 자신의 슬픔을 돌아보는 것도 필요합니다. 자녀 앞에서는 강한 어른이지만, 사실 부모님도 반려동물을 떠나보내 슬픈 보호자잖아요. 반려동물이 아이보다 어른을 잘 따르기 때문에 아이보다 부모의 상실감이 더 크고, 더 심한 펫로스 증후군에 빠질 수 있습니다. 펫로스 후 혼란스러워할 자녀를 위해 노력하면서 자신의 마음도 꼭 함께 돌봐주세요. 《강아지 천국》이나 《고양이 천국》처럼 반려동물과 이별한 아이와 어른 모두를 위한 그림책을 함께 보면서 먼 소풍을 떠난 반려동물들이 다른 세상에서 행복하게 살고 있다고 얘기해 주면 어떨까요? 또, 떠난 반려동물을 기억하면서 자녀와 함께 편지를 써보고, 사진을 보면서 과거 추억을 이야기하는 방법도 추천합니다. 그럼 부모님의 슬픔도 함께 나아질 수 있겠죠?

아이들도 슬퍼할 시간이
필요합니다

반려동물의 죽음은 아이들이 삶에서 겪는 첫 번째 상실일 수 있습니다. 이럴 때 우리는 아이에게 이에 대해 말하는 방법과 상황을 다루는 요령을 몰라 당황합니다. 그러면서 자의 반 타의 반으로 아이를 보호한다는 명목하에 어물쩍 넘어가려 합니다. 몰래 사체를 처리하고, 아이가 물으면 못 들은 척 화제를 넘기거나, 누가 데려가 버렸다고 말하기도 합니다.

하지만 누군가를 사랑할 수 있는 나이가 되면 자연히 상실을 슬퍼할 수 있는 능력도 생깁니다. 이 때 부모가 상실을 회피하면, 원래의 의도대로 아이를 보호하는 것이 아니라 거꾸로 깊은 감정을 소화하는 일을 방해하게 됩니다. 이 때문에 표현되고 해소되고 소화되지 못해 억눌리고 회피된 감정들은 추후에 여러 가지 문제를 일으킬 수 있습니다. 엘리자베스 퀴블러 로스는 "죽음에 대한 언급은 아이에게 상처를 주지 않을 것이다. 상실로부터 아이를 보호한다고 해서 반드시 삶으로부터 그를 보호할 수 있는 것은 아니다"라고 말했습니다.

부모는 아이를 보호할 의무가 있고, 가능한 아이가 상처 없이 삶을 살아갔으면 하는 당연한 바람을 가지고 있습니다. 부모는 아이가 아프지 않도록, 다치지 않도록, 외롭게 방치되지 않도록, 공격의 대상이 되지 않도록 보호해야 합니다. 더 나아가 좋은 배움의 기회를 가지고, 따뜻한 배우자를 만나고, 돈 때문에 고생하지 않고 오래오래 건강히 잘 살도록 도울 수 있다면 참 좋겠지요. 그럴 능력만 된다면 부모는 서른 살까지도 마흔 살까지도 내 아이를 지켜주고 싶다는 당연한 바람이 있습니다. 하지만 우리가 절대로 대신해줄 수 없고 보호해줄 수도 없는 것 중 하나가 바로 상실입니다. 아이들은 살면서 필연적으로 소중한 존재들을 잃고, 아파하면서 늙어갑니다. 이는 인생의 필연이며 우리가 태어난 이상 스스로 감당해야 하는 삶의 가장 깊은 진실 중 하나입니다. 슬프게도 우리는 결코 아이가 상실을 피하도록 도울 수 없습니다. 아이를 위해 수십억을 마련해 놓을 수 있을지는 몰라도 상실과 고통 없이 세상을 오로지 밝게만 살도록 지켜주는 것은 불가능합니다. 그러므로 상실이 없는 척하려는 불가능한 목표를 일찌감치 포기하고, 상실을 통과하고 감당하는 힘을 키워줘야 합니다. 그것이 우리의 의무이고 진정으로 아이를 위하는 길입니다.

우리는 아이의 나이에 맞는 적절한 방식으로 솔직하고 담담하게 반려동물의 죽음을 알려야 합니다. 그리고 아이가 이 상실을 경험하고 통과할 수 있도록 곁에서 지켜주어야 합니다. 대략 만 6세까지의 아이들은 죽음에 대해 모호하고 막연한 느낌을 지닐 뿐 생명이 죽으면 다시 살아날 수 없다는 사실을 정확하게 이해하지 못합니다. 그러나 만 8~9세가 되면 죽음을 돌이킬 수는 없다는 사실을 이해합니다. 아이의 이해 수준에 맞춰 담담하게 반려동물이 세상을 떠났음을 알려주고, 슬퍼해도 된다고 말해주세요. 부모의 슬픔을 억지로 감출 필요도 없습니다. 부모가 억지로 감정을 숨기면, 아이는 그만큼 편안해지는 것이 아니라 '상실은 불편하고 어색한 것이구나', '감정을 숨겨야 하는구나', '이렇게 강해 보이는 부모님도 감당하기 어려운 일이구나'라는 생각이 들어 오히려 불안이 늘어납니다. 놀고 있는 아이를 붙잡아 앉히고 "네 기분이 어때?"하고 캐물을 필요는 없지만, 아이가 이야기하고 싶어 하면 충분히 들어주세요.

또한 아이의 죄책감을 다뤄주어야 합니다. 아이들은 특유의 자기중심주의가 있습니다. 이기적이라는 뜻이 아니라, 아이들은 세상에서 어떤 일이 생기면 이를 자신과 연관되어 있다고 자동적으로 이해하고 해석하는 경향이 있습니다. 그래서 반려동물의 죽음이 자신의 잘못이라고 속으로 생각하는 아이들이 많습니다. 부모님들이 이를 적절하게 표현하도록 도와주고 다루어주지 않으면, 아이들은 모호하고 막연한 죄책감에 시달리며 떠난 반려동물에게 생각보다 오랜 시간 동안 미안함을 느낄 수 있습니다.

물론 올바른 애도 방식이 있다는 믿음이나 아이가 반드시 울어야 한다는 생각도 일방적인 편견입니다. 아이들 각자의 애도 방식을 존중해 주어야 합니다. "왜 넌 울지도 않니?"라고 물어서는 안 되며, 진지하게 이야기하던 아이가 갑자기 밝은 표정으로 장난감을 집으러 뛰어가 버린다고 부모님이 속상해하실 필요는 없습니다. 아이들은 각자 애도하는 자신만의 리듬과 흐름을 가지고 있으며 특히 나이가 어릴수록 슬픔에 오랫동안 머무르지 않습니다. 많이 우는 게 안쓰러워 달콤한 것으로 애도의 과정을 막아서도 안 되지만, 눈물을 흘리지 않고 깊이 괴로워하지 않는다고 해서 아이의 마음을 가볍게 생각해도 안 됩니다. 어른도 아이도 슬퍼할 수 있고, 울 수 있고, 마음 아플 수 있다는 것을 보여주고 들려주어야 합니다. 그리고 그에 대한 아이의 자연스러운 반응을 받아들이세요. 그러면 아이는 상실과 함께 살아가는 법을 천천히 익혀갈 것입니다.

감정의 소용돌이

펫로스 후 죽음을 받아들이는 5단계(부정-분노-타협-절망-수용)를 설명해 드렸는데요, 그중 '분노' 단계에 대해 더 이야기하려고 합니다. 분노 단계에 있을 때는 감정의 소용돌이를 표현할 곳을 찾게 되는데, 그 대상은 자신이 되기도 하고 주변 사람이 되기도 합니다. 사실 주변 사람들은 잘못이 없는데 말이죠.

"내가 사람 음식 주지 말라고 그렇게 얘기했는데, 엄마가 자꾸 줬잖아"라고 마치 다른 가족 구성원이 죽음의 원인을 제공한 것처럼 화를 냅니다. 반려동물이 질병으로 사망한 경우는 "내가 동물병원에 쓴 돈이 얼마인데!", "의사가 그것도 못 고쳐요?"라며 수의사에게 소리를 치기도 합니다.

물론, 이런 행동은 상대방에게 잘못을 덮어씌우거나 죽음의 원인에 대한 책임을 묻기 위한 것이 아닙니다. 자신의 감정을 컨트롤 하지 못하기 때문에 벌어지는 일이죠. 감정의 롤러코스터를 타고 있는 상태거든요.

서울 펫로스 심리상담센터 '안녕'의 조지훈 원장에 따르면, 펫로스 후 2~3일가량은 감정적 동요 상태를 보이는 급성기입니다. 이때는 자신의 감정을 토해낼 곳을 찾는데 그때 눈앞에 있는 가족이나 수의사가 그 대상이 되고 맙니다. 따라서 분노의 대상이 되었다고 "내가 또 얼마나 사람 음식을 줬다고 그러니? 너는 사람 음식 안 줬어?"라든지, "제가 뭐 의료과실이라도 했나요? 왜 저한테 화를 내세요?"라고 반박할 필요는 없습니다. '감정의 소용돌이'가 지나간 뒤에는, 화를 낸 다른 가족에게 미안한 마음을 갖게 될 것이고 수의사의 노력을 인정해줄 테니까요.

수의사는 잘못이 없습니다

종종 펫로스 후 분노의 대상이 되지만 사실 수의사는 잘못이 없습니다. 오히려 자신이 돌보는 환자가 떠났다는 슬픔에 수의사도 힘듭니다. 자신이 담당했던 아이의 장례식에 몰래 참석해 눈물을 흘리고 가는 수의사도 있습니다. 동물을 사랑해서 수의사가되었는데, 동물의 죽음을 자꾸 경험하니 정신적으로 고통스럽습니다. 몇 가지 연구(Stoewen, 2016, Bartram & Baldwin, 2008)에 따르면, 수의사의 자살률은 의사보다 2배 이상 높고 일반 국민보다는 약 4배 정도 높습니다. 동물의 죽음을 가까이에서 경험하고, 자살에 사용되는 약물이 주변에 있으며, 안락사를 통해 직접 동물의생을 마감시키는 경험도 자주 하기 때문에 '나도 이 약물을 통해서고통에서 벗어날 수 있을까?'라고 생각하게 되는 것이죠.

다양한 동물과 보호자를 상대하면서 오는 괴리감도 수의사를 힘들게 합니다. 한 수의사는 "방금 안락사를 해서 매우 힘들고 슬프지만, 곧바로 얼굴을 씻고 나와 강아지 환자를 진료하기 위해 웃어야 하는 직업이 수의사"라며 눈물을 쏟았습니다. "수의사는 영화배우다. 아무리 힘들고 어려운 일이 있고, 일하기 싫어도 보호자에게 그런 모습을 보여줄 수 없어서 고통스럽다"고 말한 수의사도 있습니다.

우리나라에서 1년간 발생하는 유기동물 수는 무려 13만 6천 마리에 이릅니다. 이렇게 버려진 동물은 지자체 동물보호센터(유기동물보호소)에 들어오고, 그곳에서 새로운 입양자를 기다립니다. 그리고 일정 기간 새 입양자가 나타나지 않으면 안락사되고 맙니다. 안락사는 수의사의 몫입니다. 매일 울면서 유기동물을 안락사하던 동물보호센터 수의사의 "미안하다"는 처절한 인터뷰가 기억에 남습니다.

지난 2016년, 대만 타오위안의 한 동물보호소에서 근무하던 31세 수의사 지안치쳉(簡稚澄)씨가 자살했습니다. 국립 대만대학교 수의과대학을 수석으로 졸업한 그녀는 동물보호소에서 3년간 근무하면서 공고 기간이 끝난 유기동물 수백 마리를 안락사시켰고, 그에 대한 죄책감에 동물을 안락사시킬 때 사용하는 약물을 사용해 스스로 목숨을 끊고 말았습니다.

그녀는 "인간의 삶도 개와 차이가 없습니다. 저 역시 같은 약물로 죽겠습니다"라고 유서를 적었습니다. 그녀의 소식이 전 세계적으로 알려지면서 수의사의 정신적 고통에 관심을 가져야 한다는 분위기가 형성됐죠.

구제역, 고병원성 AI, 아프리카돼지열병 등 매년 반복되는 가축전염병 때문에 가축방역관으로 일하는 수의사들도 신체적, 정신적 고통을 겪습니다. 가축 살처분 현장에 투입되어 자신의 손으로 수백, 수천 마리의 동물을 죽여야 하기 때문이죠. 사실 저도 공중방역수의사로 군대체복무를 할 때 구제역 방역 현장에 투입된 적이 있습니다. 약 2달 동안 정신도 차릴 수 없을 정도로 수많은 소, 돼지를 제 손으로 직접 안락사했는데, 그 충격이 꽤 오랫동안 저를 힘들게 했습니다. 가축 살처분에 투입된 후 '외상 후 스트레스 장애'로 치료를 받은 수의사도 많았죠.

이처럼 수의사는 동물의 죽음으로 힘들어하는 직업입니다. 따라서 자신의 반려동물을 살리기 위해 최선을 다한 수의사에게 분노를 표하는 일은 없으면 좋겠습니다. 그게 진심이 아님을 수의사가 알더라도 상처가 될 수 있거든요. 마찬가지로 슬픔을 이겨낼 수 있도록 지지해주는 가족과 친구들을 분노 표출의 대상으로 삼는 일도 줄어들면 좋겠습니다. 주변 사람들 모두가 떠난 동물을 기억하고, 함께 추억을 나눌 수 있는 소중한 사람들이니까요.

죄책감과 부검

"제가 그날 산책하러 나가지만 않았어도, 초코가 아직 살아있지 않을까요?"

"호텔에 튼튼이를 맡기지 않았더라면 아무 일도 없었겠죠?"

"출장을 가면서 며칠 집을 비운 사이에 떠나버렸어요. 아픈 호박이를 두고 출장을 떠난 제가 너무 원망스러워요."

몇 달 전, 한 지인이 저에게 전화를 걸었습니다. 너무 울어서 말도 제대로 못 하는 상황이었죠. 얘기를 들어보니 반려견을 호텔링 맡겼는데, 거기서 갑자기 반려견이 아파서 병원으로 급히 옮겼으나 곧 죽었다고 합니다. 호텔에서 홍삼을 먹여서 반려견이 죽은 것 같다며 "내가 호텔에 맡기지 않았으면 되는데…"라고 계속

서럽게 울던 목소리가 아직도 생생히 기억납니다.

펫로스 후 우리가 느끼는 감정 중 하나가 바로 '죄책감'입니다. 죄책감은 반려동물의 죽음에 대해 "내가 잘못했거나, 반려동물을 지키고 보호하는 데 실패했다"고 느끼는 감정을 말합니다. 일본의 한 연구에 따르면 반려동물의 죽음 이후 약 40%의 사람이 '후회'와 '죄책감'을 느꼈습니다.

특히 이런 죄책감은 사고로 반려동물을 떠나보낸 경우에 더 많이 확인됩니다. 산책 중에 교통사고로 반려동물을 잃은 사람이 "그날 산책하러 나가지 않았더라면…"이라고 자책하는 경우가 대표적입니다. 동물등록을 하지 않고 리드줄 없이 외출했다가 반려견을 잃어버린 뒤 "리드줄을 채울 걸…. 동물등록을 했다면 찾을 수 있었을 텐데…"라며 뼈저리게 후회하는 일도 있습니다. 새벽에 길고양이의 비명을 들었는데 고양이끼리 싸우는 소리라고 생각하고 갔다가 다음날 아침 잔인하게 학대당해 죽은 고양이를 보고 "비명을 듣고 내가 바로 뛰어나갔더라면 죽지 않았을 텐데…"라며 자책한 사례도 있습니다. "나는 뭘 하고 있었던 거지? 내가 그렇게 안 했으면 사고를 예방할 수 있지 않았을까?"라는 생각이 드는 것이죠.

반려동물을 떠나보낸 뒤 얼마 동안 죄책감이 들 수 있습니다. 이런 정상적인 죄책감은 시간이 지나면서 자연스레 줄어듭니다.

하지만 너무 과도한 죄책감이 들거나, 펫로스를 겪은 지 오랜 시간이 지났음에도 계속 죄책감을 느낀다면 이때는 주변 사람들의 노력이 필요합니다.

과도한 죄책감을 느끼는 사람에게는 '당신의 잘못이 아니라는 점'을 인식할 수 있도록 도와줘야 하는데, 이때 수의사의 역할이 중요합니다. 예를 들어 '간식을 너무 많이 줘서 반려견이 일찍 죽었다'고 죄책감을 가지는 보호자가 있다면, 수의사가 "실제로는 간식과 상관없이 다른 원인으로 사망했다"며 수의학적 관점으로 객관적인 설명을 해줌으로써 보호자의 왜곡된 사고를 수정할 수 있습니다. 그런데 이때 과도한 슬픔과 죄책감 때문에 수의사의 말이 귀에 잘 들어오지 않을 수 있으므로, 가족이나 친구들이 함께 동물병원에 찾아가 수의사의 설명을 듣고, 옆에서 슬퍼하는 사람을 도와주시길 바랍니다. 주변 사람이 보호자에게 지금까지 반려동물을 위해 보호자가 했던 노력을 이야기해 주는 것입니다. "네가 매일 산책을 시켜줘서 행복이는 참 건강했어. 그치?", "네가 꾸준히 건강검진을 해줘서 질병을 조기에 발견할 수 있었잖아"라고 말이죠.

죽음의 원인을 몰라서 죄책감을 느끼기도 합니다. "전날까지 잘 놀았던 네가 갑자기 무슨 이유로 떠났는지 알 수가 없어서 죄책감에 몇 달 동안 힘들었어"라는 식으로 말이죠.

이런 분들은 '부검'을 생각해볼 수 있습니다. 부검은 죽은 원인을 알기 위해 사체를 해부해서 검사하는 일인데요, 반려동물도 부검을 할 수 있습니다. 각 수의과대학 수의병리학실이나 농림축산검역본부, 지자체 보건환경연구원(또는 동물위생시험소)에 부검을 의뢰할 수 있습니다.

몇몇 전문가들은 부검을 통해 반려동물의 사망 원인을 밝힐 수 있고, 안락사의 시기가 적절했는지도 추정해볼 수 있다고 말합니다. 만약 부검을 통해 죽음의 원인을 알아낼 수 있다면 죄책감도 줄어들 가능성이 있습니다. 단, 부검을 하면 반려동물의 사체가 훼손되고 사체를 돌려받지 못할 뿐 아니라, 때에 따라서는 부검을 통해서도 죽음의 원인을 정확히 밝혀낼 수 없기도 합니다. 따라서 반려동물 부검을, 시도해볼 수 있는 한 가지 방법으로 여겨야지 모든 죄책감에서 해방될 수 있는 만병통치약으로 생각해서는 안 됩니다.

상실 그 이후,
복잡한 감정도 인정해야 합니다

지그문트 프로이트(Sigmund Freud)는 〈애도와 멜랑콜리〉라는 유명한 논문에서 건강한 애도와 병적 애도에 대해 깊이 다루었습니다. 프로이트는 우리 모두가 사랑하는 존재의 상실에 깊은 슬픔을 느끼지만 어떤 사람은 천천히 자연스럽게 일상을 회복하는 반면, 누군가는 오히려 깊은 죄책감에 빠져들면서 완고한 자책과 우울 속에서 오래 힘들어한다는 것을 발견했습니다. 그리고 그 이유에 대해 탐구했습니다.

프로이트는 상실한 존재에 대해 생전에 느꼈던 복잡한 감정이 충분히 잘 정리되지 못하면, 대상을 잃고 남겨진 무의식적 감정들이 마음속에 똬리를 틀게 된다는 것을 깨달았습니다. 단순화를 무릅쓰고 말하자면, 잃어버린 존재가 자신의 삶에서 어떤 의미였는지 솔직하고 열린 마음으로 생각해보는 것이 불가능할 때, 숨겨져 처리되지 못한 감정들 때문에 문제가 생길 수 있습니다.

우리가 삶에서 맺는 모든 관계는 무조건 좋거나, 좋은 것 하나 없이 나쁘기만 할 수는 없습니다. 햇빛이 비치면 그림자가 지듯, 타인에 대한 감정에는 그 존재가 아무리 소중하다고 해도 항상 밝은 감정과 어두운 감정이 미묘하게 뒤섞여 있기 마련이지요. 그러나 어떤 사람들은 어두운 감정들을 다루기 어려워 회피하거나 억지로 눌러버립니다. 반려동물의 경우도 다르지 않습니다. 이 존재가 내게 수많은 기쁨과 즐거움을 주었지만, 한편으로는 반려동물 때문에 길게 놀러가지도 못하고, 밤에도 몇 번씩 더 깨고, 귀찮은데 매번 산책도 시켜줘야 한다는 서운하거나 아쉬운 점도 마음속에 있을 겁니다. 하지만 그런 부정적 감정을 억지로 지워버리고 떠나간 존재를 천사처럼 이상화하면, 오히려 우리는 깊고 완고한 죄책감에 빠져들 수 있습니다.

프로이트의 논문을 깊이 독해했던 현대 정신분석가 토마스 옥덴(Thomas Ogden)은 "우리가 상실 앞에서 이렇게 깊은 죄책감을 느끼는 이유는 그 존재가 세상에서 사라졌다는 것을 진심으로 받아들일 수 없기 때문"이라고 첨언했습니다. 옥덴은 "상실의 고통을 피하는 대신에 … 외부 현실로부터 단절되기 때문에 삶이 없다는 느낌에 처하게 되는 것이다"라고 말했습니다. 사랑했던 존재가 세상을 떠났다는 고통스러운 깨달음을 회피하기 위해서 오히려 자신의 죄책감을 붙들고 완고하게 자신의 내면만을 바라본다는 것입니다. 그러다보면 자연스러운 애도와 삶의 회복이 이루어지지 못하고, 깊은 상실 속에 굳어버리게 될 수 있습니다. 그래서 프로이트도 "애도의 경우 빈곤해지는 것은 세상이지만, 우울증의 경우 자아 자체가 텅 비게 된다"라고 이야기했습니다.

따라서 우리는 상실 후 떠나간 존재에 대해 떠오르는 복잡한 감정들을 회피하거나 억누르지 말고 받아들일 필요가 있습니다. 그러나 이러한 반응들은 대부분 무의식적으로 이루어지는 데다가 아주 어린 시절 시작된 감정 패턴의 일부일 때가 많아서 의식적으로 자각하고 처리하는 것이 쉽지 않습니다. 또한 떠난 존재가 내게 중요할수록 감정의 골이 깊어서 혼자만의 노력으로는 이를 들여다보는 일에 한계가 있을 수도 있습니다. 또 애도 과정은 일직선으로 진행되는 게 아니라서 우리는 좀 나아진 것 같다가도 다시 끔찍한 고통 속으로 빠져들기도 합니다. 이상하게 마음이 가라앉으면서 고통과 자책이 스스로 감당하지 못할 정도로 무거워진다고 느낀다면(혹은 나를 잘 아는 주변 사람들이 그렇게 보인다고 말한다면) 전문가와 상담을 고려해보는 것이 좋습니다.

외상 후 스트레스 장애

(PTSD)

사고사로 반려동물을 떠나보낸 경우, 죄책감과 함께 외상 후 스트레스 장애를 겪는 사례도 있습니다. 특히, 사고의 순간을 직접 목격했을 때 종종 발생합니다. 잔인한 동물학대 때문에 반려동물을 잃었는데 학대 모습을 직접 본 경우도 해당합니다. 아무런 예고 없이 찾아온 반려동물과의 이별이 큰 충격으로 다가와 외상 후 스트레스 장애를 겪는 분도 있습니다.

'외상 후 스트레스 장애'란 생명을 위협할 정도의 극심한 스트레스(정신적 외상)를 경험하고 나서 발생하는 심리적 반응을 의미합니다. '정신적 외상'은 충격적이거나 두려운 사건을 당하거나 목격하는 것을 말하는데요, 아동기의 성적·신체적 학대, 심각한 사고, 전쟁 경험, 화재·태풍·쓰나미·지진 등 자연재해가 대표적인

'충격적이고 두려운 사건'에 해당합니다.

사고나 학대로 반려동물을 잃은 충격도 충분히 '정신적 외상'을 주는 '충격적 사건'에 해당할 수 있기 때문에, 외상 후 스트레스 장애를 경험할 수 있습니다.

특히, 사고사에 의한 펫로스 증후군으로 생기는 외상 후 스트레스 장애는 사건과 관련된 생각을 하기 싫고, 사건에 대한 얘기가 나오면 자꾸 피하게 되고, 사건이 발생했던 장소에 가지 못하거나, 사건 당시 현장에 있었던 사람들을 보기 싫어하는 등 '회피 증상'을 보이는 경우가 많은데요, 이는 불쾌한 기억과 감정을 차단하기 위한 뇌의 노력이라고 합니다. 집에서 사건이 발생하면 집에 들어가는 것이 엄청난 고통으로 다가오기도 하고, 좋아했던 동물 관련 프로그램을 보지 못할 수도 있습니다.

이러한 외상 후 스트레스 장애는 전문적인 도움이 필요하므로, 반드시 정신건강의학과 전문의와 상담을 받아보시길 추천합니다.

＊참고자료

펫로스 증후군은 사람의 '지속성 복합 사별 장애(Persistent Complex Bereavement Disorder)'와 비슷한 측면이 있습니다. 특히, 외상 후 스트레스 장애를 동반하거나, 시간이 오래 지났음에도 슬픔을 극복하지 못하는 펫로스 증후군이라고 생각될 때 '지속성 복합 사별 장애'와 비교해볼 수 있습니다.

지속성 복합 사별 장애(지속성 복합 애도 장애)✦

A. 개인은 친밀한 관계에 있던 사람의 죽음을 경험한다.

B. 죽음 이후 다음 증상 중 적어도 한 개 이상을 임상적으로 현저한 수준에서 경험하는 날이 그렇지 않은 날보다 더 많고, 죽음 이후 성인의 경우 증상이 최소 12개월 이상, 아동은 6개월 이상 지속된다.

① 죽은 사람에 대한 지속적인 갈망·그리움. 어린 아동의 경우 그리움이 놀이와 행동에 표현될 수 있는데, 이는 보호자 또는 기타 애착 대상으로부터 분리되거나 이들과 재회하는 것을 반영하는 행동들이 포함될 수 있음.

② 죽음에 대한 반응으로서의 강렬한 슬픔과 정서적 고통.

③ 죽은 사람에 대한 집착.

④ 죽음을 둘러싼 상황에 대한 집착. 아동의 경우 죽은 사람에 대한 집착이 놀이와 행동의 주제로 표현될 수 있고, 자신과 가까운 다른 사람의 가상적인 죽음에 대한 집착으로 확대될 수 있음.

✦ 출처: DSM-V 정신장애진단 및 통계편람 제5판, 자료 제공: 서울 펫로스 심리상담센터 '안녕' 조지훈 원장

C. 죽음 이후 다음 증상 중 적어도 6개 이상을 임상적으로 현저한 수준에서 경험하는 날이 그렇지 않은 날보다 많고, 증상이 성인의 경우 죽음 이후 12개월 이상, 아동은 6개월 이상 지속된다.

죽음에 대한 반응적 고통

① 죽음을 받아들이는 것에 대한 현저한 어려움. 아동의 경우 죽음의 의미와 영속성을 이해할 수 있는 능력에 따라 다를 수 있음.

② 죽음에 대해 믿지 않거나 정서적 마비를 경험함.

③ 죽은 사람을 긍정적으로 추억하지 못함.

④ 죽음과 관련된 비통함 또는 분노.

⑤ 죽은 사람 또는 죽음과 관련하여 자신에 대한 부정적 평가(예: 자기비난).

⑥ 죽음을 상기시키는 것들에 대한 과도한 회피(죽은 사람과 관련된 사람, 장소 또는 상황에 대한 회피, 아동의 경우 죽은 사람에 대한 생각과 감정의 회피로 나타날 수 있음).

사회성/정체성 붕괴

⑦ 죽은 사람과 함께하기 위해 죽고자 하는 소망.

⑧ 죽음 이후 타인을 신뢰하기 어려움.

⑨ 죽음 이후 혼자라고 느끼거나 타인들로부터 분리된다고 느낌.

⑩ 죽은 사람 없이는 인생이 무의미하거나 공허하다고 느낌. 또는 죽은 사람 없이 자신이 제대로 기능할 수 없다는 믿음.

⑪ 인생에서 자신의 역할에 대한 혼란 또는 자신의 정체성이 감소된 느낌(예: 자신의 일부가 죽은 사람과 함께 죽어버렸다고 느낌).

⑫ 죽음 이후 흥미를 추구하거나 미래를 위한 계획을 세우는 것이 어렵거나 꺼려짐(예: 교우관계, 일상활동).

D. 장애가 사회적, 직업적, 또는 다른 중요한 기능 영역에서 임상적으로 현저한 고통이나 손상을 초래한다.

E. 애도반응이 문화적, 종교적 또는 연령에 따른 기대수준에 부합하지 않거나 과도하다.

지속성 복합 사별 장애의 추가적 정보

1. 진단을 뒷받침하는 부수적 특징

• 환자 중 일부는 죽은 사람에 대한 청각 혹은 시각적 환각을 경험하며, 일시적으로 실재하는 고인을 지각할 수 있음(생전에 고인이 앉아있던 의자에 있는 것을 목격함). 또한, 고인이

경험한 신체적 증상을 포함하여 다양한 신체 증상을 호소할 수 있음(통증, 소화기계 증상, 피로감).

2. 유병률

- 2.4~4.8%, 남성보다 여성에게서 더 흔하게 나타남.

3. 발달과 경과

- 전 연령에서 나타날 수 있음.
- 사별 이후 몇 달 이내에 시작되나, 완전한 증후군이 나타나기 전까지 몇 달, 몇 년이 지연되기도 함.
- 애도 반응이 바로 나타나지만, 12개월 이상 지속되지 않으면 지속성 복합 사별 장애로 진단되지는 않음.

4. 위험 및 예후인자

- 환경적: 사별 대상에 대한 의존성이 높을수록 위험성이 증가함.
- 유전적, 생리적: 여성의 경우 위험성이 증가함.

5. 문화와 관련된 진단적 쟁점

- 애도반응이 해당 문화에서 기대되는 규준을 넘어서야 함.

6. 자살 위험

- 자살사고를 보고하는 경우가 흔함.

7. 기능적 결과

- 직업적, 사회적 기능에 지장을 초래함.
- 음주, 흡연 등을 함.

- 심장질환, 고혈압 등의 위험성을 증가시키고, 삶의 질을 감소시킴.

8. 감별진단

- 정상적 애도: 12개월 이상 지속되지 않는다는 점에서 차이가 있음.

- 우울 장애: 우울 장애가 '자신, 타인, 미래'를 비롯한 다양한 영역에서 우울감을 호소한다면, 지속성 복합 사별 장애는 '상실'에 초점화된 우울임.

- 외상 후 스트레스 장애(PTSD): 외상 후 스트레스 장애는 외상성 사건에 대한 침투적 사고(intrusive thought, 자신의 의지와 무관하게 떠오르는 원치 않는 생각)와 내외적 상기물(reminder)에 대한 회피가 두드러짐. 지속성 복합 사별 장애에서는 분리에 대한 고통, 상실 대상에 대한 다양한 기억들도 침투적 사고의 형태로 발생하며, 상실 대상에 대한 집착과 갈망이 함께 나타남.

- 하지만, 우울 장애와 외상 후 스트레스 장애는 지속성 복합 사별 장애와 함께 나타날 수도 있음.

9. 펫로스와 관련된 쟁점

- 지속성 복합 사별 장애 진단 기준 A. '개인은 친밀한 관계에 있던 사람의 죽음을 경험한다.'
반려동물은 보호자에게 있어서 가족이나 친구와 동등한,

혹은 그것을 넘어서는 유대감을 형성하는 존재이므로 '친밀한 관계에 있던 사람의 죽음'과 거의 대등한 영향을 미칠 수 있음.

실제로 반려동물과 인간의 관계에서 '옥시토신' 분비가 일어나며, 이것은 부모-자녀 관계에서 서로의 유대감을 증진하기 위해 분비되는 호르몬과 같음. 따라서 관계적인 측면뿐 아니라 생리학적 요인을 고려해도, 지속성 복합 사별 장애의 진단 기준은 반려동물의 죽음에도 적용될 수 있음.

상실의 경험이 트라우마로
이어질 수도 있습니다

'트라우마'는 간단히 말해 우리 마음이 감당할 수 없을 정도의 충격을 주는 사건 경험을 의미합니다. 엄밀한 정신의학적 정의에는 "생명을 위협할 정도의 극심한 스트레스"라는 문구가 들어가 있지만, 그 정도가 아니라고 하더라도 스스로 심리적으로 소화해내기 어려운 경험이라면 트라우마로 볼 수 있습니다.

어떤 사태가 일으키는 충격의 깊이와 강도가 우리 마음이 감당할 만한 범위 안에 있다면 우리는 그 사건을 이해하고, 느끼고, 기억할 수 있습니다. 괴로울 수 있지만, 그 고통을 충분히 감당할 수 있고 타인에게 말할 수 있습니다. 시간이 좀 흐르면 기억을 편안하게 꺼내 곱씹어서, 그 사건과 연관된 복잡한 감정들을 천천히 삶의 일부로 소화해낼 수 있습니다. 그래서 사건은 천천히 과거가 됩니다. 기억은 잘 나지 않지만 언제든 '그때 그런 일이 있었지' 하고 편안하게 떠올릴 수 있는 삶의 일부가 됩니다.

하지만 사건이 과도한 충격을 준다면 이 경험은 우리 마음이 처리할 수 있는 역치를 넘어버립니다. 그럴 때 우리는 발 닿지 않는 물속으로 잠겨들 듯 통제 불가능한 상태가 되어 사태에 휩쓸립니다. 다른 비유를 든다면, 트라우마는 억지로 삼킨 돌덩이처럼 소화시키지 못하는 이물질로 남아서 끊임없이 우리 몸과 마음을 괴롭힙니다.

사람마다 불안을 견디는 능력이 다르고, 충격을 처리하는 정신적 효율이 다르고, 상황 속 입장이 달라서 같은 사건이라도 어떤 사람은 무던하게 지나칠 수 있지만 다른 사람에게는 트라우마가 될 수 있습니다(그래서 "뭐 이딴 일 가지고 그래? 나는 안 겪어본 줄 알아?"라는 말이 폭력이 됩니다). 반려동물을 갑작스럽게 잃는 사태도 상황에 따라 분명 트라우마 경험이 될 수 있습니다.

일단 우리가 트라우마를 경험하면 몇 가지 전형적 반응들이 일어납니다. 먼저 트라우마 상황이 자꾸만 떠오릅니다. 갑자기 생생한 현실처럼 기억이 현재 속으로 파고들고, 같은 꿈이 반복되어 놀라 깨어나고, 반려동물을 떠올리게 하는 사소한 물품을 보고도 마음이 철렁 내려앉습니다. 이 때문에 트라우마 상황을 연상케 하는 모든 것들을 피하려는, 사실상 불가능한 노력이 나도 모르게 시작됩니다. 핸드폰 사진 폴더는 아예 열어보지 않고, 반려동물과 같이 산책했던 곳은 일부러 멀리 피해 돌아갑니다. 집에 남은 반려동물의 물품을 모두 치워버립니다. 그러다 보면 삶이 온통 '느끼지 않으려는' 노력, 결과적으로는 '살지 않으려는' 노력으로 채워집니다. 점점 부정적 감정들이 늘어납니다. 즐거움도 기쁨도 사라지고 설렘도 줄어듭니다. 허망하고 무의미하다는 느낌 때문에 하루하루 일상이 근근이 버텨야 하는 무거운 노동이 됩니다. 어떤 사람은 떠난 반려동물을 아예 생각하지 않는 것처럼 보입니다. 그 사람은 무심한 것이 아니라 고통을 피하고자 떠올리는 것을 무의식적으로 회피하고 있는 것입니다. 마지막으로 지나친 각성 증상들이 나타나기도 합니다. 잠을 깊이 자기 힘들고, 깜짝깜짝 놀라고, 쉽게 짜증이나 화를 냅니다. 어떤 사람은 행동할 때 지나치게 조심스러워지고, 일상에서 무언가에 집중하기도 어려워서 자꾸 실수합니다. 운전하면서 접촉 사고도 여러 번 냅니다.

이렇게 상실의 경험이 트라우마의 수준으로 느껴진다면, 타인이나 전문가에게 도움을 청해야 합니다. 트라우마 증상이 있다는 것은 정의 그대로 내 마음의 힘으로 감당하기 힘든 경험을 하고 있다는 뜻이기 때문입니다.

반려동물의 안락사

'안락사'로 반려동물을 떠나보내는 경우도 종종 있습니다. 안락사는 최선의 의학적 치료를 다 했음에도 회복될 가능성이 없다고 판단될 때 인위적으로 생명을 멈추는 약물을 투여해 편안하게 삶을 마치게 하는 행위를 뜻합니다.

현재 우리나라는 사람의 안락사를 금지하고 있습니다. 몇 년 전부터 존엄사를 허용하긴 했지만요. 존엄사는 회복 불가능한 사망 단계에서 의학적으로 불필요하다고 판단되는 무의미한 연명치료를 중단하여 인간으로서 최소한의 품위를 지키면서 자연스럽게 죽을 수 있도록 하는 행위입니다. 인위적으로 죽음에 이르게 하는 안락사와는 차이가 있습니다. 사람의 안락사는 금지되어 있지만, 동물의 안락사는 허용되어 있습니다. 그리고 의외로 많은 동물이 안락사로 삶을 마무리합니다.

　동물 안락사의 과정은 생각보다 간단합니다. 먼저 마취제를 통해 동물의 의식을 완전히 소실시킵니다. 동물은 의식이 소실됐기 때문에 통증을 전혀 느낄 수 없습니다. 그 상태에서 심장이나 호흡을 멈추는 약물을 투여합니다. 안락사 약물이 혈액으로 들어가면 빠르게는 수 초 내에, 길어도 1분 안에 동물은 죽음을 맞이하게 되죠. 간혹 안락사 약물이 투입될 때 동물이 고통스러워하는 듯한 모습을 보일 수 있지만, 이는 신체적인 반응일 뿐 실제로는 마취가 된 상태이므로 아무런 통증을 느끼지 못합니다.

　사람의 안락사와 가장 큰 차이점은 동물이 스스로 자신의 의견을 전달할 수 없다는 점입니다. 반려동물은 "나 이제 보내줘. 지금까지 최선을 다했잖아. 나 이제 힘들어. 그동안 고마웠어"라고 우리에게 말하지 못합니다. 따라서 수의사가 처음 안락사 얘기를 꺼내면 대체 언제 안락사를 해야 하는지 고민할 수밖에 없습니다.

　수의사에게 "선생님, 지금이 정말 그때인가요?", "바로 지금인가요?", "때가 되면 해피가 저에게 얘기해 줄까요?", "정확한 시점을 제가 알게 되나요?"라고 묻는 경우가 많습니다. 이때 수의사가 '수의학적인 판단' 아래 객관적으로 설명을 해주겠지만, 최종 선택은 결국 보호자의 몫입니다.

　문제는 언제 안락사를 하더라도, 안락사를 한 뒤에 후회가 찾아온다는 점입니다. "내가 너무 빨리 안락사를 결정한 건 아닐까?

아이가 며칠이라도 더 행복한 시간을 보낼 수 있지 않았을까?"라고 후회하는 분도 있고 "가족 중에 나만 안락사를 반대하다가 너무 늦게 보내줘서 미안해. 내 욕심에 네가 마지막을 너무 힘들게 보낸 것 같아"라며 후회하는 분도 있습니다. "안락사는 해도 후회, 안 해도 후회"라는 말이 있을 정도입니다. 이런 후회는 '완벽한 어느 한 시점'에 안락사를 해야 한다고 생각하기 때문에 생깁니다.

하지만 안락사의 완벽한 시점은 없습니다. 동물행동의학전문가인 김선아 수의사는 안락사 시점에 대해 '시간의 창문(time of window)'이 열려있다고 말합니다. 안락사 시점은 특정한 찰나의 순간이 아니라, 창문이 열려있는 동안 언제든지 해도 괜찮다는 뜻입니다. 마치 창문이 열려있으면 언제든지 새가 날아갈 수 있는 것처럼요.

따라서 특정한 시점을 정확하게 잡아내기 위해 애쓰지 말고, 반려동물과의 마지막 시간을 보내면서 행복한 추억을 만드는 것은 어떨까요? 안락사 시점을 찾기 위해 노력하다가 오히려 마지막 순간을 제대로 보내지 못해 후회할 수도 있거든요.

안락사에 대해 궁금한 게 많을 겁니다. 안락사가 필요한 경우라면, 동물병원 수의사에게 궁금한 점을 최대한 많이 물어보시길 바랍니다. 주저할 필요가 전혀 없습니다. 안락사 과정은 어떻게 되는지, 안락사를 할 때 사용할 약물은 무엇인지, 안락사 전후로 반려동물과 함께 있을 시간을 주는지 등에 대해 질문하셔도 괜찮습니다. 안락사를 위한 별도 공간이 있는지, 다른 진료가 적고 조용한 시간에 예약을 잡아줄 수 있는지 등을 묻는 것도 가능합니다. 최근에는 보호자가 안정을 취할 수 있도록 아로마 향이 나거나 조명을 조절할 수 있는 장치와 촛불 등이 있는 별도 공간을 마련한 동물병원도 있으니 참고하시길 바랍니다.

혼히, 자연사를 하면 천수를 누렸다고 생각하는데 안락사를 하면 '빨리 죽었다'고 안타까워하는 경우가 많습니다. 그러나 영어로 안락사(Euthanasia)의 Eu는 '좋은'이라는 의미입니다. 결국, 안락사는 그 어원 자체가 '좋은 죽음'을 뜻합니다. 질병에 따른 고통을 참으며 억지로 생을 연장하는 것보다는 안락사가 더 좋을 수 있습니다.

수의사는 보통 어떤 치료를 해도 회복시킬 수 없을 때 안락사를 권합니다. 가장 강력한 마약성 진통제를 사용해도 동물이 통증을 느끼는 시기이기도 합니다. 이 시기가 되면 스스로 '진통제를 계속 투여하는 것이 진정 동물을 위한 것인지, 아니면 인간이 욕심을 부리는 것인지' 고민해봐야 합니다. 수의사 입장에서도 안락사라는 단어를 꺼내기가 어렵습니다. 동물을 살리기 위해 수의사가 됐는데 자신의 손으로 동물을 보내야 하기 때문이죠.

이처럼 동물의 안락사는 보호자와 수의사 모두에게 쉽지 않은 결정이지만 '동물을 위해 가장 좋은 방법이 무엇인가'라는 중요한 고민을 통해 해답을 찾아야만 합니다.

안락사 결정이 과연 잘한 일이었는지 계속 고민하는 분도 있습니다. 이런 고민을 줄이기 위해 안락사를 결정하기 전에 반려동물의 삶의 질을 측정할 수 있는 평가표를 이용하는 것을 추천합니다. 아래의 평가표와 함께 수의사의 조언을 고려하면서 '지금이 안락사를 할 수 있는 창문이 열려있는 시간인지' 판단해보길 바랄게요.

반려동물의 삶의 질 평가표: QoI Scale(HHHHHMM Scale)

반려동물의 삶의 질을 측정해보는 평가표입니다. 미국에서 만들어져서 우리나라 현실과 다를 수 있고, 심리상태에 따라 결과가 달라질 수 있는 주관적인 평가표라는 점을 고려해야 합니다.

내 반려동물을 생각하면서, 아래의 7가지 항목에 대해 각각 0에서 10까지 점수를 매겨보세요. 반려동물이 보여주는 반응이 긍정적일수록 높은 점수를 주면 됩니다. 이때 총점이 35점이 넘으면 계속 관리를 해볼 수 있지만, 35점 미만의 점수가 나오면 안락사가 추천됩니다.

1. H(Hurt): 통증. 반려동물이 얼마나 아파하나요? 통증을 자주 느끼는 것 같은가요?

2. H(Hunger): 식욕. 가장 잘 먹을 때와 비교했을 때 현재 반려동물의 식욕이 어느 정도라고 생각하시나요?

3. H(Hydration): 탈수상태. 반려동물의 탈수 정도가 어떻다고 생각되나요? 피부의 탄력도를 통해 탈수 정도를 추측할 수 있습니다.

4. H(Hygiene): 위생상태. 반려동물의 위생상태가 어떤가요? 반려견이 누워서 지낸다면 대소변 때문에 털이 엉망이 될 수 있습니다. 반려묘가 아파서 그루밍을 제대로 못하거나 화장실을 잘 못 가도 위생상태가 나빠지죠.

5. H(Happiness): 행복. 반려동물이 현재 얼마나 행복감을 느낀다고 보시나요? 내가 집에 돌아왔을 때, 좋아하는 음식을 줬을 때 얼마나 즐거워하나요?

6. M(Mobility): 운동성. 반려동물이 얼마나 움직일 수 있나요? 반려견의 경우, 산책할 때 얼마나 잘 걷는지, 과거와 비교했을 때 산책하는 시간이 얼마 정도 되는지를 측정해볼 수 있습니다.

7. M(More good days than bad): 컨디션이 좋은 날이 안 좋은 날보다 많은가요? 좋은 날이 많을수록 10점, 나쁜 날이 많을수록 0점을 주세요.

위의 측정표가 어렵다면, 아래 4가지를 중점적으로 신경 써보세요.

1. 호흡: 호흡이 좋지 않으면 수의학적으로 안락사가 고려됩니다. 특히 동물병원에 입원해서 산소 공급을 적극적으로 하는데도 숨 쉬기를 힘들어한다면 즉시 안락사가 지시됩니다. 안락사를 통해 편안하게 해주는 것이 더 좋을 수 있습니다.

2. 통증: 통증이 너무 심할 때도 안락사를 고려해야 합니다. 마약류 진통제까지 썼는데도 통증 관리가 되지 않으면 아이가 많이 힘들어하거든요.

3. 대소변: 대변과 소변을 제대로 못하는 것도 안락사를 고민하는 기준이 됩니다. 스스로 대소변을 못 하거나, 하더라도 너무 고통스러워하는 경우, 또는 계속 노력을 하는데 배변, 배뇨에 실패하는 경우라면 안락사가 나을 수도 있지 않을까 고민해보세요.

4. 연하: 식욕이 없을 때는 직접 입안에 음식을 넣어주기도 합니다. 입안에 음식을 넣어주면 보통 삼키는데요, 아예 음식을 삼키지도 못한다면 안락사를 고민할 시점입니다.

반려동물의 마지막 시그널

"동물병원에서 제대로 먹지도 못하는 널 보면서 죽는 날까지 조금이라도 편하게 해주고 싶은 마음에 집으로 데려왔지. 집에 와서 며칠간 밥을 잘 먹길래 조금 건강해졌다고 생각했는데…. 곧 소변도 보지 못하는 널 다시 병원으로 데려가 보내줄 수밖에 없었어."

"잘 걷지도 못하던 네가 집으로 돌아와서 기적처럼 잘 걷는 모습에 '나아지고 있구나' 하면서 엄청 뿌듯했어. 하지만 그게 마지막 모습이더라."

"힘겹게 누워만 있던 네가 어쩐 일인지 내가 학교에 갈 때 걸어나와서 꼬리를 흔들며 인사해줬잖아. 그래서 좀 회복을 한 줄 알고 기뻐했는데, 그게 널 보는 마지막 순간이었을 줄이야…. 네가 가는 모습을 보면 내가 힘들어할까 봐, 아침에 힘내서 인사해 준거지?"

위 사연들처럼 오랫동안 아팠던 동물이 떠나기 직전에 잠시 건강한 모습을 보이기도 합니다. 우리의 걱정을 조금이라도 덜어주기 위한 배려가 아닐까요? 반려동물은 마지막까지도 우리에게 많은 걸 느끼게 해주는 '네발 달린 스승'입니다.

반려동물이 죽기 며칠 전 좋은 컨디션을 보여주는 경우가 있어서 그런지, 그들이 떠나기 전에 어떤 모습인지 궁금해하는 분들이 많습니다. 반려동물은 보통 무지개다리를 건너기 직전에 어떤 행동을 보일까요?

우선 식욕이 없어집니다. 음식과 물을 거부하는 게 죽기 전에 흔히 보이는 행동 변화 중 하나입니다. 사람 환자의 경우 식욕이 없더라도 회복을 위해 식사를 열심히 할 수 있지만, 동물은 다릅니다. 아무리 우리가 원해도 아파서 식욕이 없으면 스스로 먹으려 하지 않죠. 음식과 물을 모두 거부한다면 강제 급여를 해볼 수 있는데요, 마지막에는 입에 넣어준 음식조차 삼키지 못합니다.

활동량이 감소하고, 주변 사물에 대한 관심이 줄어드는 것도 신호입니다. 죽음이 가까워질수록 작은 움직임에도 피곤함을 느끼면서 활동량이 급격히 줄어들 수 있거든요. 종일 누워있고, 평소 좋아하던 장난감에도 반응하지 않습니다. 산책을 매우 좋아했던 반려견이 산책하는 걸 싫어하게 될 수도 있습니다. 오랜만에 만난 가족에게 반가움을 표시하지 못할 정도로 힘이 없다면, 무지개다리를 건널 시간이 얼마 남지 않았다는 뜻입니다.

식욕이 줄면서 음식을 잘 먹지 못하고, 신체가 점점 제 기능을 하지 못하면서 체중도 감소합니다. 마지막 순간, 뼈밖에 남지 않은 가녀린 반려동물의 몸이 우리의 마음을 매우 아프게 하죠.

대소변을 못 가리는 것도 떠나기 전에 보이는 증상입니다. 화장실에 갈 힘이 없고, 괄약근이 풀려 누워있는 채로 대소변을 보는 경우도 많습니다. 너무나 안타까운 순간이죠. 그래도 최선을 다해 물티슈로 닦아주고, 자세를 자주 바꿔주는 게 좋습니다.

무지개다리를 건너기 직전에는 체온이 빠르게 떨어집니다. 배나 다리를 만져봤는데 아이의 몸이 차갑다면, 이별의 순간이 가까워졌다고 생각해야 합니다. 담요를 깔아주고 난로를 틀어서 마지막이 춥지 않도록 배려해주세요.

마지막 순간에 우리 곁으로 다가오는 일도 있습니다. 아마 평생 잘 돌봐준 엄마, 아빠의 품에서 마지막을 보내려는 것이겠죠? 특히 고양이는 이별의 순간이 다가오면 오히려 더 응석을 부리고 집사를 졸졸 따라다니곤 합니다.

가장 흔하게 어디론가 숨으려는 행동을 보입니다. 반려동물이 죽음 직전 어둡고 조용한 곳을 찾아 들어가는 경우가 많은데요, 3가지 이유가 있습니다.

첫째, 야생의 본능이 남아있기 때문입니다. 야생에서는 동물이 아픈 모습을 보이면 포식자의 표적이 됩니다. 그래서 동물은 아프고 약한 모습을 보이지 않으려는 본능이 있습니다. 마지막 순간이 오면 최대한 자기를 보지 못하도록 어두운 곳으로 숨습니다.

둘째, 사랑하는 가족에게 마지막 모습을 보여주고 싶지 않아서 그런 행동을 합니다.

셋째, 반려동물은 조용하고 어두운 곳에서 안정감을 느낍니다. 기력이 떨어지고 감각도 둔해진 반려동물에게는 다양한 외부 자극이 오히려 스트레스가 될 수 있습니다. 그래서 방해받지 않는 곳을 찾아가려고 합니다.

개인적으로 첫 번째 이유보다는 두 번째, 세 번째 이유로 무지개다리를 건너기 전에 조용한 곳을 찾는다고 생각합니다. 집에서 가족과 오랫동안 행복하게 살아온 반려동물이라면, 포식자의 위협에 대한 걱정보다 가족을 생각하는 마음이 더 클 것 같거든요.

나이 든 반려동물이 계속 조용한 곳으로 숨고자 한다면, 억지로 밝은 곳으로 꺼내려 하지 말고 반려동물이 스스로 준비하는 마지막을 조용히 지켜봐 주세요. 가만히 옆에 앉아 동물을 쓰다듬어 주고, 낮은 목소리로 행복했던 순간들을 천천히 들려주세요. 동물이 평소 좋아했던 장난감이나 물건을 옆에 가져다주는 것도 좋습니다. 편안함과 안정감을 더 느낄 수 있도록 말이죠. 시끄러운 물건을 치우고, 불을 꺼주는 것도 도움이 됩니다.

반려동물의 마지막 순간에 꼭 무엇을 해야만 하는 건 아닙니다. 그저 옆에서 조용하게 함께 시간을 보내주고, 많이 쓰다듬어 주세요.

무지개다리, 그 이후의 일

    반려동물 장례지도사인 강성일 씨는 "반려동물이 죽은 이후에 너무 급하게 장례식을 치르지 않아도 된다"고 강조합니다. 반려동물이 죽은 뒤 곁에서 조금이라도 시간을 보내는 것이 장례 직후에 몰려들 슬픔을 줄여주기 때문입니다. 또한, 여유 없이 장례를 치르면, 나중에 사소하게 놓친 것(예쁜 사진을 고를 시간이 없어 아무 사진이나 준비한 것, 좋아했던 간식이나 장난감을 넣어주지 못한 것 등)이 생각나 후회할 수도 있습니다.

    그렇다면, 반려동물이 떠난 직후에 우리는 무엇을 해야 할까요? 많은 사람이 반려동물을 떠나보내고 무엇을 해야 할지 모릅니다. 수의사인 저조차 반려견 마니가 무지개다리를 건넜을 때 순간 멍해져서 아무것도 할 수 없었습니다.

우선, 반려동물이 떠난 것 같다면 사망을 확인하고 초기 사체 수습을 해주시는 게 좋습니다. 그런데 마음이 진정되지 않고 경황이 없다면, 아무것도 할 수 없겠죠. 만약 내가 너무 슬퍼서 정신을 차리지 못할 것 같다면 친구나 다른 가족에게 미리 도움을 요청하세요. "우리 코코가 이제 곧 떠날 것 같은데, 혹시 우리 집에 와서 나를 좀 도와줄 수 있을까?"라고요.

집에서 반려동물의 사망을 확인하는 방법은 2가지가 있습니다. 먼저 숨을 쉬는지 확인해 볼 수 있는데, 옆으로 누워있는 반려동물의 가슴을 지켜보세요. 가슴이 오르락내리락하지 않으면 호흡이 없는 상태입니다. 코에 손을 가져가서 숨을 쉬는지 확인해 볼 수도 있습니다.

다음으로 맥박을 확인하는 방법이 있습니다. 허벅지 안쪽 깊숙이 손가락을 넣어서 대퇴동맥을 짚어보세요. 동물의 몸에서 가장 세게 뛰는 혈관인데, 맥박이 확인되지 않으면 심장이 이미 멈춘 상태입니다. 대퇴동맥 촉진이 어렵다면, 직접 왼쪽 가슴 부위에 손을 대서 심장박동을 느껴볼 수도 있습니다. 간혹 아이들이 무지개다리를 건넌 뒤 눈을 계속 뜨고 있기도 합니다. 이때는 엄지와 검지를 이용해서 눈꺼풀을 30초 이상 살짝 잡아주시길 바랍니다. 눈을 감기기 어렵다면, 억지로 시도하지 말고 수건을 덮어주셔도 괜찮습니다.

괄약근이 풀리면서 몸 여기저기서 분비물이 흘러나올 수도 있습니다. 특히 항문, 코, 입 등에서 분비물이 나옵니다. 따라서, 아이가 떠났다면, 몸 아래 수건을 깔아주고 항문 쪽에는 패드를 깔아주는 것이 좋습니다.

분비물로 아이의 사체가 더러워졌다면 씻겨주셔도 됩니다. 단, 너무 열심히 씻기다가 경추가 꺾이는 경우가 있으므로 목 부분을 잘 잡고 가볍게 씻겨주는 게 좋습니다. 사후 상태에서는 목을 가누지 못하거든요. 반려동물용 물티슈나 워터리스 샴푸로 몸을 닦이주는 방법도 괜찮습니다.

반려동물이 죽으면 사체가 부패할까 봐 걱정돼 곧바로 동물장례식장으로 가는 경우가 많습니다. 하지만 아이스팩 위에 수건을 깔아놓고 그 위에 사체를 놓으면 부패 속도를 낮출 수 있어요. 아이스팩이 아니라도 서늘한 곳에 눕히거나 에어컨을 틀어줌으로써 부패의 시작을 늦출 수 있습니다. 부패 때문에 아이가 무지개다리를 건너자마자 곧바로 장례를 치르지 않아도 된다는 뜻입니다.

곧바로 장례를 치르기보다는 가족이 함께 조금이라도 위로의 시간을 갖는 것이 좋습니다. 사람의 경우, 유족들이 3일간 장례식을 치르면서 많은 사람의 위로를 받고, 자연스레 죽음을 받아들이게 됩니다. 조문객들, 친척들과 고인에 대한 추억을 공유하며 슬픔을 이겨내기도 하죠. 그런데 반려동물의 경우 대부분 곧바로 화장하기 때문에 충분히 위로받고 죽음을 받아들일 시간이 부족합니다.

앞서 호텔링을 맡겼다가 반려견을 떠나보낸 지인도 저한테 전화를 걸었을 때는 이미 반려견을 화장한 뒤였습니다. 반려견이 죽고 3시간도 채 지나지 않았을 때였는데 말이죠. 이미 화장을 해서 부검을 통해 죽음의 원인을 밝힐 기회가 사라졌다는 점도 문제지만, 충분히 슬퍼할 시간을 갖지 못한 것 같아 더 안타까웠습니다.

사람이든 동물이든 한 생명의 마지막을 보내주는 순간은 진중해야 합니다. 마치 밀린 숙제를 처리하듯 해치우지 않아도 괜찮습니다. 시간적 여유, 심적인 여유를 더 가져도 됩니다. 그게 떠난 동물을 잘 기리는 방법이며, 나의 마음도 잘 추스르는 방법입니다.

죽음을 부인하는 것은
사랑하는 마음까지 포기하는 것입니다

정신분석가 위니코트(Reading Winnicott)는 이미 1930년대에 죽음을 회피하는 현대 사회의 문화적 압력을 신랄하게 비판했습니다. 그는 "라디오에서 끊임없이 흘러나오는 소리는 어떠한가? 소음과 불빛이 끝없이 이어지는 런던과 같은 도시에서 사는 것은 어떠한가? 이것들은 모두 내면의 죽음을 방어하고자 하는 것이다" 라고 말했습니다.

의학 기술이 발전하고 평균연령이 늘어나면서 사람들은 더 오래 살게 되었습니다. 그런데 겉으로는 사람이 죽음을 지배하는 것처럼 보이지만 이상하게도 속으로는 점점 더 죽음을 두려워합니다. 한 걸음 더 나아가 우리가 육체를 가지고 있다는 사실, 언젠가는 차갑게 식고 썩어 사라질 몸을 지니고 있다는 사실조차 잊고 싶어 합니다. 그래서 우리에게 몸이 있다는 사실을 암시할 만한 모든 단서를 없애는 데 골몰합니다. 체취를 없애기 위해 향수를 뿌리고 겨드랑이가 젖는 것이 불쾌해 데오드란트를 바르고, 동물성이 드러나는 것 같은 털들을 꼼꼼히 밀어버립니다. 늙음에 대한 태도 역시 마찬가지입니다. 오래 산 것이 현명함의 상징이었던 과거와는 달리, 이제 노화는 자연스러운 삶의 과정이 아니라 불편하고 수치스러운 일이 되어버렸습니다. 우리는 보톡스를 맞고, 점을 태워 없애고, 사실 별로 쓸 데가 없는 근육을 만들며 마치 죽지 않을 것처럼 행동합니다.

반려동물의 죽음이라는 현실에 부딪혔을 때, 우리는 이러한 문화적 압력에 더 쉽게 굴복합니다. 상실을 끔찍하게 고통스러워하면서도, 한편으로는 이 무거운 감정으로부터 도망치고 싶어 합니다. 그럴 때 평소 같았으면 동의하지 않았을 사람들의 가벼운 말들에 저도 모르게 마음을 내줍니다. "뭐 동물 한 마리 죽은 건데 이렇게 거창하게 굴 필요 있겠어? 오래 마음에 담아둘 필요 없어. 빨리 처리해버리고 잊자…. 그럼 맘이 편하겠지." 우리는 이런 유혹에 굴복하여 쉽게 눈에 보이지 않는 곳으로 주검을 치우고 마치 아무 일도 일어나지 않은 것처럼 행동합니다.

하지만 죽음을 정면으로 바라보지 못할 때, 그 존재와 함께했던 삶조차 부정하게 되는 건 아닐까요? 위니코트는 현대인의 '조적 방어'에 대해서 비판한 적이 있습니다. 이는 정신분석 용어로서 우리를 괴롭히는 어두운 감정을 정반대인 밝은 감정으로 덮어버리려는 시도를 의미합니다. 예를 들어 '쿨한 척' 하는 것이 전형적인 조적 방어이지요. 위니코트는 "조적 방어의 특성은, 개인이 대상을 사랑할 수 있는 자신의 능력을 믿을 수 없어서 죽음을 부인해야 하는 것, 그리고 그로 인해 살아있음을 완전히 믿을 수 없는 것이다"라고 말했습니다. 우리가 죽음을 부인하는 건 결국 사랑하는 마음조차 포기하는 일이라는 뜻입니다. 나아가 사랑을 포기한다면, 삶 자체까지도 서늘한 그늘과 깊은 울림을 잃고 비현실적으로 되어버립니다. 우리 옛 선인들은 이 오묘한 삶과 사랑과 죽음의 조화를 잘 이해하고 있었습니다. 임권택 감독의 영화 〈축제〉에서 잘 묘사되었듯, 전통 장례에는 죽음과 삶이 너무도 편하게 겹쳐있습니다. 사람들은 죽은 자 곁에서 땅을 치고 엉엉 울며 통곡하는 일과, 육개장에 하얀 쌀밥 말아먹고 술 마시고 화투 패 던지며 껄껄 웃는 일이 하나도 모순되지 않는다는 것을 체득하고 있었습니다.

깊은 슬픔과 고통스러운 애도는 사랑의 필수적인 일부입니다. 순간은 영원하지 않으며 행복한 순간은 결국 지나가 버린다는 깨달음이 지금 여기에서 우리가 느끼는 깊고 절절한 기쁨의 필수 조건이듯 말입니다. 그러니 생을 함께했던 다른 사람들과 사랑하는 반려동물의 죽음을 충분히 애도해야 그 아이가 오랫동안 우리 마음속에 생생하게 기억될 수 있지 않을까요?

2장

한국사회에서
반려동물을 잃는다는 것

개는 자기 자신보다 당신을 더 사랑하는 이 세상의 유일한 생명체일 것이다.

- 조시 빌링스(Josh Billings)

박탈당한 슬픔

　우리나라에서 반려동물을 양육하는 가구의 91%가 반려동물과의 생활에 만족하고, 반려동물을 키우는 직장인의 93.9%가 반려동물을 가족과 같이 귀중한 존재로 여긴다고 합니다. 이런 경향은 젊은 세대에서 더 강하게 확인됩니다. 인구보건복지협회가 2019년 10월, 20대 청년 1천 명을 대상으로 설문조사를 했습니다. 그 결과, 반려동물과 함께 생활하는 청년의 96.4%가 반려동물은 가족이라고 응답했으며, 심지어 3명 중 1명은 결혼할 상대방이 반려동물 양육을 반대한다면 결혼을 포기할 의사가 있다고 답했습니다. 이처럼 반려동물은 우리에게 가족처럼 소중한, 혹은 가족보다 더 중요한 존재가 되어가고 있습니다.

　이런 가족 같은 존재를 떠나보내면 당연히 큰 슬픔을 느낄 수밖에 없습니다. 가까운 사람이 죽었을 때와 유사한 슬픔을 경험하죠. 반려동물과의 이별 이후 2주, 8주, 26주 뒤 슬픔의 정도를 분석한 결과, 배우자, 가족 등 중요한 사람이 죽은 뒤 겪는 슬픔과 거의 유사한 슬픔이 확인됐다는 연구 결과도 있습니다(Gerwolls & Labott, 1994). 그런데 모든 사람의 생각이 똑같지는 않은 것 같습니다. 반려동물을 양육해 본 경험이 없는 사람 중 일부는 동물을 '삶의 중요한 애착 대상'으로 여기지 않기 때문에, 다른 사람의 펫로스를 중요하게 생각하지 않을 뿐만 아니라, 심지어 무시하거나 비판하기까지 합니다. 이런 점 때문에, 미국 호스피스 재단의 케네스 도카(Kenneth Doka) 박사는 2002년 논문에서 펫로스 증후군을 '박탈당한 슬픔(disenfranchised grief)', '인정받지 못한 슬픔(unacknowledged grief)'으로 비유했습니다. 그만큼 펫로스 증후군을 이해해 주고 인정해 주는 사람이 많지 않다는 뜻이겠죠.

사회구성원으로서 우리는 충분히 슬퍼하기 어렵습니다. 사회는 사람들이 빨리빨리 움직이고 회복하길 바라거든요. 주변 사람들에게 피해를 주지 않기 위해, 사회구성원으로서 사회 발전에 조금이라도 더 이바지하기 위해, 혹은 다른 사람들의 눈치 때문에 억지로 슬픔을 감내하고 있지는 않으신가요? 지금 너무나 슬프고 힘든데도 말입니다. 우리나라는 펫로스 증후군을 무시하는 경향이 유독 심하므로 슬픔을 참는 분들이 많을 겁니다.

한국의 펫로스 인식

"사랑하는 초롱이를 보내고 슬퍼하는 저를 보면서 회사 동료들이 뒷말하는 걸 들었어요. '개가 죽었다고 뭘 그렇게 유난을 떠냐'고, '부모님이 돌아간 줄 알았다'며 비웃더군요."

한 펫로스 모임에서 들은 말입니다. 자신의 경험을 얘기하면서 힘들었던 과거를 떠올리던 그분이 지금도 기억에 남습니다. 유독 우리나라는 펫로스를 겪고 힘들어하는 사람에게 상처 주는 말을 하는 경우가 많습니다. 남의 사소한 일에도 관심을 갖는 국민적 성향 때문일까요, 아니면 아직 공감 능력이 부족한 사람들이 많아서 그런 걸까요. 혹시, "남자는 태어나서 딱 세 번만 우는 거야"처럼 슬픔을 표현하지 않고 참아내는 걸 미덕으로 여기는 문화 때문은 아닐까요?

"김 대리 눈치 보여서 회식하자고도 못 하겠네"라며 회사에서 누군가 큰 소리로 떠듭니다. 펫로스로 슬퍼하는 사람이 있으니 다 같이 비난에 동참하라는 뜻일까요? 이런 비난을 듣게 되면, 떠나보낸 반려동물에 대한 죄책감뿐만 아니라 주위 사람들에 대한 미안함까지 듭니다. 보호자에게 큰 상처가 되고, '내가 너무 오버하는 건가?', '지금 내가 슬픔을 느끼는 게 잘못된 건가?'라는 생각이 들면서, 오히려 펫로스 증후군 증상이 악화될 수도 있죠. '아무도 내 슬픔에 공감해주지 않는구나'라는 생각과 함께 더 혼자 있으려고 하고, 주변에 슬픔을 공유하지 않게 됩니다. 일상생활로 돌아오는 게 점점 더 어려워집니다.

펫로스를 겪은 보호자가 주변 사람에게 상처를 받는 일은 회사에서만 발생하지 않습니다. 반려동물을 떠나보내고 외로움과 슬픔에 빠져있다가, 친구들에게 힘을 얻고자 모임에 나갔습니다. 그런데 친구들로부터 "야, 네가 꿍해 있으니까 우리도 기분이 처진다. 그럴 거면 그냥 나오지 말고 집에 있던가", "오랜만에 기분 좋게 모였는데, 분위기 다 깨진다~" 같은 말을 들으면 기분이 어떨까요? 공감은 못 해줄망정 이렇게 비난을 하는 사람이라면 진정한 친구라고 보기 어렵죠.

우리나라와 달리 일본에는 펫로스에 대해 공감해 주는 분위기가 잘 형성되어 있습니다. 일본의 펫로스 증후군 관련 연구

(Kimura, Kawabata & Maezawa, 2011)를 보면, 펫로스를 경험한 사람의 93%가 가까운 사람으로부터 공감, 동정, 위로를 받았다고 합니다. 또한, 연구에 참여한 펫로스 경험자 전원이 '가족 구성원이나 친구에게 반려동물이 죽어서 슬프다고 얘기할 수 있다'고 응답했으며, 87%가 '실제로 그렇게 했다'고 말했습니다. 일본에서는 반려동물 상실에 대한 슬픔을 자연스럽게 이야기하고 위로를 받는 문화가 자리 잡고 있습니다. 이 논문이 2011년에 발표된 것을 고려하면, 일본의 공감 문화에 다시금 놀라게 됩니다. 그만큼 꽤 오래전부터 이런 문화가 형성됐다는 뜻이니까요. 흔히 일본의 반려동물 문화가 우리보다 20년 이상 앞서있다고 하는데요, 우리도 10여 년이 지나면 펫로스에 대해 자연스럽게 공감하고 위로해 주는 분위기가 만들어질까요? 부디 그렇게 되길 기대해 봅니다.

가족이 주는 상처

반려동물을 잃은 슬픔은 명절에 오히려 배가 되기도 합니다. 가족들을 만나서 위로를 받아야 하지만, 반대로 가족들로부터 상처를 받는 일이 생기거든요.

명절이나 가족 모임 때 결혼이나 취업 여부, 성적 등에 대해 다른 가족들이 비난하거나 참견하는 일이 흔히 벌어지죠? 펫로스를 경험한 사람에게도 비슷한 일이 생깁니다.

명절에 부모님 산소에 가고 차례를 지내는 것처럼, 떠난 반려동물을 기리며 납골당을 방문하는 분들이 최근 부쩍 많아졌습니다. 반려동물 납골당을 찾았다가 친척 집으로 갔는데, "지금 반려동물 납골당에 다녀왔다고? 개가 죽었는데 뭘 그렇게까지 해? 거기 갈 시간에 할아버지 산소나 한 번 더 다녀와", "넌 어릴 때부터 유별나다니, 뭘 개한테까지 그러냐?"라는 답이 돌아옵니다. 무심코 던진 말이 상처가 되죠. 친구는 물론, 가족에게까지 공감을 받을 수 없다는 생각에 상처는 더 커지고 맙니다.

반려동물을 떠나보낸 지 얼마 되지 않아 힘든 와중에 "네가 명절 분위기를 다 망치네"라는 말을 들으면 기분이 어떨까요? 반려동물을 지키지 못했다는 생각에 가뜩이나 괴로운데, '명절날 가족들 기분까지 망쳐버렸구나'라는 생각이 들면서 죄책감이 배가 됩니다. 심리적으로 더 힘들어질 수밖에 없죠.

"야, 그래도 초롱이는 오래 살았잖아", "죽은 강아지는 이제 잊고, 어서 연애하고 결혼이나 해", "예전에는 기르던 개도 아무렇지도 않게 잡아먹었어"라는 말들도 우리를 더 힘들게 합니다. 명절에 집에 가기 싫다는 생각이 강해질 뿐입니다.

가족들이 집에 와서 상처를 주기도 합니다. 떠난 반려견의 장난감을 보고 "그 물건 좀 이제 갖다버려"라고 말하죠. 회사 동료나 친구가 아니라, 피가 섞인 가족과 친척에게 이런 말을 들으면 아쉬움과 실망도 커집니다. 힘들 때 가장 위로가 되고 도움을 줘야 하는 가족과 친척들이 이런 상처를 주면 안 되겠죠?

물론 일부러 상처를 주고 싶어서 그렇게 말하는 건 아닐 겁니다. 그저, 어떻게 위로를 해야 하는지 모르기 때문에 생기는 일이겠죠. 그래서 우리는 펫로스로 힘든 사람을 어떻게 위로하고 도와야 하는지 배워야 합니다.

아픈 반려동물에 대한 인식

반려동물을 떠나보낸 뒤에만 이런 상처를 경험하는 게 아닙니다. 심지어 반려동물을 보내기 전에도 이런 상처를 주는 게 우리나라의 현실입니다.

당뇨병과 당뇨 부작용으로 백내장까지 생겨 실명이 된 흰둥이 보호자 영선 씨는 동물병원을 정기적으로 다니며 흰둥이를 소중히 돌보고 있습니다. 상태가 안 좋아진 흰둥이 때문에 회사에 못 가는 일도 종종 있습니다. 흰둥이에게 매일 인슐린을 놓아야 해서, 여행이나 모임은 꿈도 못 꿉니다. 모든 삶이 흰둥이를 중심으로 돌아갑니다. 하지만 영선 씨는 행복합니다. 영선 씨가 바라는 유일한 소망은 '자신의 노력으로 흰둥이가 조금이라도 덜 아프고, 오랫동안 사는 것'입니다.

그런 영선 씨와 흰둥이를 보고 동물병원에 있던 한 사람이 말합니다. "애 고생시키지 말고, 그냥 보내줘. 그거 다 사람 욕심이야." 자신도 강아지 예방접종을 위해 동물병원에 온 '반려동물 보호자'임에도 말이죠.

이런 말이 영선 씨에게 큰 상처로 다가오지만 그래도 영선 씨는 "그렇게 말하는 분들도 제 상황이 되면 그렇게 말하지 못할 거라고 생각해요"라며 흰둥이를 더 열심히 돌보겠다고 다짐합니다.

15살 래브라도 리트리버 깜돌이 보호자 지선 씨는 하루에 한 번 깜돌이를 데리고 산책에 나섭니다. 사람 나이로 치면 115살이 된 깜돌이는 반려동물의 치매라고 할 수 있는 '인지기능장애증후군(Cognitive Dysfunction Syndrome, CDS)'과 심한 관절염을 앓고 있습니다. 눈도 좋지 않죠. 아픈 다리 때문에 산책에 나서도 오래 못 걷고 몇 분 만에 주저앉아 버립니다. 무거운 깜돌이를 지선 씨가 들어 안고 집으로 돌아오기 일쑤지만, 그래도 지선 씨는 매일 깜돌이를 데리고 밖에 나갑니다. 관절염과 치매로 고생하는 깜돌이가 산책하는 시간을 가장 좋아하기 때문입니다. 너무 걷기 힘들어 할 때는 보행보조기를 착용하거나, 유모차에 태워 나갈 때도 있습니다. 그렇게라도 깜돌이가 좋아하는 바깥 공기를 마시게 해주고 싶기 때문입니다. 다리가 아프다고 누워만 있으면 깜돌이의 상태가 더 나빠질 것만 같습니다.

깜돌이와 산책에 나선 지선 씨를 보고 한 이웃 주민이 "저렇게까지 애가 힘들어하는데, 왜 굳이 애를 데리고 나오냐"며 한마디 합니다. 옆에 있던 사람은 "아니, 아픈 애를 집에 두지 뭐하러 고생을 시켜"라며 거듭니다.

순간 울음이 나오고 화도 나지만 그래도 지선 씨는 묵묵히 참으며 깜돌이를 산책시킵니다. "나가서 쓰러지는 것보단, 자기가 늘 했던 걸 못 하는 게 더 힘들 거라고 생각해요. 만약에 갑자기 떠났으면 정리할 시간도 없이 어영부영 보냈을 텐데, 지금이 오히려 고마운 시간이죠"라고 말하는 지선 씨는 앞으로도 깜돌이가 떠나는 날까지 최대한 산책을 하며 시간을 보낼 예정입니다.

두 사연은 각각 제가 동물병원에서 실제로 목격한 사건과 방송에 소개된 사연입니다. 노령 반려동물이 점점 나이 들거나 중증 질환을 앓고 있을 때 우리의 마음은 타들어 갑니다. 이별의 시간이 어느 정도 예상되기 때문이죠.

이런 사연을 보면, 펫로스 증후군은 꼭 반려동물을 잃은 다음부터 시작되는 것 같지는 않습니다. 반려동물이 늙어갈수록 여러 질병에 걸리면서 슬픔과 걱정도 함께 시작됩니다. 그러므로 노령 반려동물 혹은 중증질환을 앓는 반려동물을 돌보는 보호자의 마음을 헤아리는 배려가 필요합니다.

2018년 한국펫사료협회 조사에 따르면, 반려견 보호자 10명 중

2명이 10세이 넘은 반려견과 함께 살고 있다고 응답했습니다. 또한, 반려동물의 나이가 7살이 넘었다는 응답도 절반에 육박했습니다. 그만큼 노령 반려동물과 함께 사는 분들이 주변에 꽤 있다는 것이죠. 불치병에 걸린 딸을 살려보겠다고 노력하는 부모에게 "어차피 못 고치는 병인데, 뭘 그렇게까지 해"라고 비난하는 사람은 드물 겁니다. 마치 자기 딸이 아픈 것처럼 공감하고 위로의 말을 건네죠. 반려동물은 나이가 많든 적든 우리에게 어린아이 같은 존재입니다. 자식 같은 존재를 곧 떠나보내야 한다는 생각에 슬퍼할 수밖에 없는 마음을 조금만 이해해 주면 어떨까요?

펫로스의 충격

"어머니가 돌아가셨을 때보다 더 슬퍼요."

혜선 씨는 4년 전 어머니를 떠나보낸 경험이 있습니다. 암으로 돌아가신 어머니는 마지막 3개월을 병원에서 보내셨습니다. 이때 혜선 씨는 물론 아버지와 남동생까지 온 가족이 매일 어머니 병실을 지키며 최선을 다해 어머니의 마지막을 지켜드렸습니다.

몇 달 전 혜선 씨는 3년 동안 함께한 반려견 민트를 사고로 떠나보냈습니다. 어머니가 돌아가시고 1년 뒤 입양한 민트는 가족들의 사랑을 듬뿍 받으며 어머니의 빈자리를 잘 채워줬는데, 남동생과 산책을 나갔다가 그만 교통사고로 무지개다리를 건넜습니다.

혜선 씨는 처음 동생의 전화를 받고 그 자리에서 주저앉았습니다. 건강했던 민트의 갑작스러운 죽음도 충격이었지만, 민트를 사고로부터 지키지 못했다는 죄책감이 혜선 씨를 괴롭혔습니다.

민트가 떠난 지 몇 달이나 지났지만, 여전히 혜선 씨는 일상생활이 어려울 정도의 심각한 슬픔을 겪고 있습니다. 민트에 대한 죄책감에 매일 밤 울면서 자신을 탓합니다.

주변에서는 "너 어머니가 돌아가셨을 때도 그렇게 슬퍼하지 않았잖아"라고 혜선 씨를 비난합니다. 혜선 씨도 '어머니가 돌아가셨을 때보다 더 슬픈 게 정상인가. 내가 지금 왜 이러지?'라는 생각을 종종 합니다. 결국, 혜선 씨는 전문가를 찾아 상담을 받고 있습니다.

혜선 씨는 아마 암에 걸린 어머니를 오랫동안 간호하면서 어느 정도 마음의 준비를 했다고 생각됩니다. 어머니와 많은 얘기를 나누면서 추억을 되새기고, 아버지, 남동생과도 어머니가 떠난 이후의 삶에 대해 논의했을 테지요. 서운했던 일, 미안했던 일, 고마웠던 일을 하나씩 말하면서 오해도 풀었을 겁니다. 종교가 있다면 가족들과 함께 기도하고 예배를 하면서 마음을 다잡았을 수도 있습니다. 어머니가 병원에 있을 때 3개월간 항암치료, 방사선치료, 수술 등 할 수 있는 최선의 치료를 다했고, 이런 노력이 어머니를 떠나보낸 뒤 남을 후회를 조금씩 줄였을 수도 있습니다.

반면, 민트는 사고로 하루아침에 무지개다리를 건넜습니다.

혜선 씨는 민트와의 이별을 생각해 본 적도 없고, 준비할 시간도 없었습니다. 민트가 중증질환에 걸렸다면 치료라도 해줬겠지만, 사고로 떠났기 때문에 어떠한 노력도 할 수 없었습니다. 사람으로 치면 민트는 20대의 나이에 죽은 겁니다. 민트를 생각하면, '10년 이상 더 행복하게 살 수 있었는데…'라는 아쉬움이 드는 게 당연합니다.

게다가 어머니의 경우에는 3일간 장례를 치르면서 주변 사람들로부터 충분히 위로와 공감을 받았을 겁니다. 매년 명절과 기일에 가족, 친척과 함께 어머니 산소를 찾아 어머니 이야기를 하면서 사별에 대한 감정을 하나씩 해소하기도 합니다. 반면, 민트는 사고사를 당한 날 화장을 하고 유골을 납골당에 안치한 게 끝입니다. 이별의 시간이 충분하지 않았습니다.

상황이 이렇다면, 혜선 씨는 어머니가 돌아가셨을 때보다 민트를 떠나보냈을 때 더 큰 슬픔을 느낄 수도 있습니다.

때때로 반려동물의 죽음이 사람의 죽음보다 더 크고 심각한 슬픔을 주기도 한다는 것은 연구를 통해 이미 밝혀졌습니다(Sife, 1993). 해외에서도 비슷한 사례가 많이 보고됩니다.

미국 조지아주 세인트 시몬스 아일랜드의 전문상담사인 주디 라스(Judy Rath) 박사가 보고한 사례를 소개해 드릴게요. 9살 브리아드 품종 반려견 쿠스코를 암으로 떠나보낸 의뢰인의 사연이었는데, 이 의뢰인은 쿠스코를 떠나보내고 6개월 뒤 남편의 죽음까지 경험했습니다. 6개월 간격으로 반려견과 남편을 연달아 잃은 것이죠. 주디 라스 박사가 의뢰인에게 둘의 죽음에서 느낀 정서적 고통을 비교할 수 있느냐고 조심스럽게 물었을 때 의뢰인은 "어떤 측면에서는 쿠스코의 죽음이 더 슬펐으며, 최소한 비슷한 수준의 끔찍한 감정 변화를 경험했다"고 답했습니다. 심지어 그녀의 남편도 쿠스코를 잃었을 때 "아버지가 돌아가셨을 때보다 더 아픔이 큰 것 같다"고 말했답니다.

이런 사례들을 보면, 사람의 죽음이 무조건 동물의 죽음보다 언제나 더 아파야 하는 건 아닙니다. 그러므로 혜선 씨는 '어머니가 돌아가셨을 때보다 더 슬픈 게 정상인가'라고 자신을 탓할 필요가 없습니다. 주변에서도 "너 어머니가 돌아가셨을 때도 그렇게 슬퍼하지 않았잖아"라고 비난해서는 안 됩니다.

슬픔과 상실의 크기에 우선순위는 없으니까요.

반려동물과의 관계는
무엇보다 '특별'합니다

많은 분들이 반려동물을 잃은 아픔이 가족을 떠나보냈을 때보다 더 크다고 느낍니다. 그러면서 주변 사람들이 뭐라 하기도 전에 스스로 죄책감을 느끼며 자신을 비난합니다. '내가 주책인 것 같다'라며 감정을 털어내려고 억지로 애쓰는 분도 많습니다.

사실 반려동물을 처음 키우는 분들이 하나 같이 놀라는 것 중 하나는 실제로 입양하기 전까지는 상상하기 힘들 정도의 깊은 친밀감이 이 관계에서 생겨난다는 것입니다. 평생 무뚝뚝하던 아버지가 저렇게 웃음이 많은 분인 줄 처음 알았다거나, 반려견이 밤에 옆에서 자꾸 뒤척여서 불면증이 생겼지만 더 행복하니 괜찮다고 말하는 분도 많이 계십니다.

반려동물과 관계에서 가족보다 깊은 친밀함을 느끼는 것이 정말로 비난을 받으며 자책해야 하는 일일까요? 어떤 사람이 말하듯 반려동물과의 관계는 사람들과 관계를 맺을 능력이 없는 무능한 사람이 차선으로 선택한 열등한 관계에 불과할까요?

우리가 타인과 관계를 맺는 방식에 대해서 깊이 사유하는 정신분석 이론에 따르면 절대 그렇지 않습니다. 우리는 세상에 태어나고 생애 첫 몇 년 동안 한 명의 사람과 특별한 관계를 맺습니다(대개는 엄마이지만, 꼭 엄마가 아닐 수도 있고, 꼭 엄마일 필요도 없습니다). 우리는 절대적으로 무능하게 태어납니다. 손발은 꼼지락거리지만 그게 제 손발인 줄도 모르고, 오로지 입안에 들어온 것을 세차게 빠는 일만 할 수 있습니다. 그렇게 아무 것도 할 줄 모르는 갓난아기 시절부터 엄마는 우리를 먹이고 재우고 따뜻하게 보살핍니다. 그래서 아이에게 삶은 엄마와 함께 있는 상태와 엄마가 곁에 없는 상태로 나뉩니다. 전자일 때 우리는 모든 것을 할 수 있고 다 가진 것 같지만, 후자일 때는 당장이라도 깊은 어둠으로 추락할 것처럼 두려워지지요.

운이 좋은 대부분은 이 특별한 관계 속에서 엄마의 사랑을 의심할 필요도 없고 엄마가 어느 순간 나한테 실망했나 눈치 볼 필요도 없이 자랍니다. 엄마가 떠나버리지는 않을까 걱정할 필요도 없습니다. 절대적 신뢰 속에서 상처나 상실에 대한 어떤 두려움도 없이 온 존재로 의존하며 관계를 맺지요. 이러한 특별한 관계 속에서 우리는 모든 감정을 두려움 없이 경험하고 천천히 풍성한 감정을 키우며 성장합니다.

하지만 당연하게도 우리는 한 살 한 살 나이를 먹으면서 엄마 뿐 아니라 아빠, 오빠, 동생, 친구, 동네 형, 선생님, 대학 후배, 군대 선임, 직장 동료들과 더 넓고 복잡한 관계를 맺게 됩니다. 오로지 엄마와 단 둘만 존재했던 공간에 점점 더 많은 관계가 끼어듭니다. 그렇게 자아가 성장하고 사회적 관계들이 늘어나면서 우리는 어느 순간부터 안전한 거리를 두고 상대를 살핍니다. 상대에 맞춰서 나를 적당히 열어두고, 상처받지 않도록 스스로를 미리 보호하면서 세상과 '적절한' 거리를 유지하는 요령을 배웁니다.

심지어 엄마와의 관계도 달라집니다. 청소년기에는 엄마와 너무 가깝게 지내면 엄마에게 많이 의존하게 될 것 같아 두렵고, 너무 멀어져도 엄마가 실망하거나 애정이 식을 것 같아 걱정합니다. 이런 복잡한 감정 속에서 어린 시절처럼 순수한 신뢰와 사랑을 느끼는 것은 불가능해집니다. 물론 이는 건강한 성장이고 그렇게 우리는 어른이 되어갈 것입니다. 하지만 절대적으로 상대방을 신뢰하면서 상대의 의도나 진심에 어떠한 의심도 갖지 않았던 어린 시절에 대한 향수와 그만큼의 상실감은 평생 우리 마음 한 구석에 남아있습니다.

연애를 시작하는 모든 연인은 본능적으로 이런 순수한 원형적 관계를 추구하지만(그래서 연인을 부를 때 '아가', '베이비' 같은 단어를 나도 모르게 쓰는 거겠지요), 슬프게도 연인과의 관계에서조차 절대적 신뢰는 불가능합니다. 성인들 사이의 사랑은 여러 가지 충동들이 복잡하게 뒤섞인 감정이며, 의심과 질투까지도 낭만적 열정의 일부이니까요.

이렇게 우리가 자라서 어른이 되면 어린 시절 떠나온 엄마와의 관계에서 경험했던 순수한 절대성은 사실상 회복할 수 없습니다. 하지만 신기하게도 반려동물과의 관계에서 우리는 다시 한 번 이상하게 뒤집힌 방식으로 이러한 원형적 관계와 조우합니다. 반려동물은 우리에게 절대적인 사랑과 신뢰를 보냅니다. 항상 문 앞에서 꼬리를 흔들며 우리를 기다리고, 얼굴을 핥고 곁에 와서 기댑니다. 우리가 기분이 좋을 때도 안 좋을 때도, 일에 몰두해서 잠시 무심할 때도, 화가 나서 짜증을 부릴 때도, 다른 사람과 통화하느라 반려동물이 곁에 있는 것조차 모를 때도 이들은 우리에게 실망하지 않습니다. 이들은 다른 곳으로 눈 돌리지 않고 한결같은 눈빛으로 우리를 바라봅니다. 어떤 숨은 의도도 없이, 어떤 은밀한 목적도 없이, 환한 애정을 하나도 감추지 않고 보여줍니다. 마치 엄마처럼 말입니다.

동시에 우리는 반려동물의 모든 것을 엄마처럼 보살펴야 합니다. 먹을 것을 챙겨주고, 물을 갈아주고, 산책을 가고, 잘 곳을 만들어주고, 주사를 맞히는 등 이 모든 일을 우리가 직접 해주지 않으면 이들은 아무것도 할 수 없습니다. 남자든 여자든 어리든 늙었든 우리는 반려동물에게 말 그대로 '엄마'가 됩니다.

결국 우리는 반려동물과의 관계 속에서 '엄마 같은 절대적인 애정을 보내는, 아기처럼 무력한 존재'와 이중의 관계를 맺습니다. 소설가 아나톨 프랑스(Anatole France)는 "살아가며 동물을 사랑해 보기 전까지 사람의 영혼의 일부는 아직 완전히 깨어난 것이 아니다"라고 말했습니다. 프랑스가 말하고자 했던 것도 이 특별한 관계가 일깨우는 강렬한 감정일 것입니다.

이런 특별한 관계 속에서 수십 년 동안 봉인되어 있던 오랜 기억 속 깊은 감정들이 올라올 수밖에 없습니다. 그리고 이렇게 깊은 감정을 경험하는 만큼 반려동물이 우리 곁을 떠났을 때 상실은 지독하게 아프고 커다란 상처를 남깁니다. 그러니, 그렇게 '특별하게' 아픈 것이 당연합니다.

슬픔의 크기

최근에는 수의학의 발전과 사료·간식·용품의 발달, 거기에 반려인의 정성까지 합쳐지면서 반려동물의 수명이 꽤 늘어났습니다. 20년 이상 사는 반려견, 반려묘를 찾는 게 어렵지 않죠. 우리나라는 2002년 월드컵을 전후로 반려동물을 처음 기르기 시작한 사람이 매우 많습니다. 반려동물이 우리 생활 속에 본격적으로 자리 잡기 시작한 지 20년 정도밖에 안 된 것이죠. 20년 이상을 살기도 하는 반려동물의 기대수명을 고려하면, 2002년 월드컵 시기에 반려동물과 처음 함께하기 시작한 분 중에는 현재 노령 반려동물과 생활하는 분이 꽤 있을 겁니다. 그만큼 아직 우리나라에는 펫로스를 한 번도 겪어보지 못한 반려인이 많다는 뜻입니다. 이미 펫로스를 경험한 반려인도 그게 인생의 유일한 펫로스 경험인 경우가 대부분입니다.

그동안 우리 사회에서 펫로스는 흔한 경험이 아니었고, 우리는 펫로스에 어떻게 반응해야 할지 알지 못했습니다. 반려인은 물론, 주변 사람들까지도요. 그래서 반려동물과의 이별 이후 힘들어하는 자신이 비정상적이라고 생각하면서, 억지로 슬픔을 참고 견디는 경우가 많습니다. 펫로스 후 힘들어하는 반려인에게 상처를 주는 일도 자주 벌어집니다. 반려인은 어떻게 위로받아야 할지 모르고, 주변 사람은 어떻게 위로해야 할지 모르죠. 다양한 펫로스 사례를 직간접적으로 접해야 하는 이유가 여기에 있습니다.

사례1.

10대 여고생인 유정 씨는 5살 반려견 땅콩이가 다른 사람의 학대로 죽는 것을 직접 목격했습니다. 반복해서 떠오르는 기억 때문에 일상생활 유지가 힘들고, 땅콩이에 대한 기억을 떠올리는 것 자체를 회피했습니다. 알 수 없는 두려움과 긴장도 계속됐죠. 결국, 유정 씨는 전문가를 찾아 상담을 받았습니다.

전문가는 유정 씨에게 외상 후 스트레스 장애를 알려주고, 땅콩이에 대한 기억을 피하려는 것이 오히려 불안감과 고통을 지속시킬 수 있다고 설명했습니다. 그리고 땅콩이가 떠난 날의 기억을 천천히 안전하게 되짚어가면서, 유정 씨가 펫로스 증후군을 극복하도록 돕고 있습니다. 가장 덜 힘든 기억부터 시작해 가장 힘들게 하는 기억까지 하나씩 이야기하면서 말이죠.

사례2.

30대 직장인 여성 효진 씨는 13살 반려묘 키티를 노환으로 떠나보냈습니다. 키티를 다시 볼 수 없다는 생각, 키티의 죽음이 꿈이었으면 하는 생각이 계속 효진 씨를 힘들게 합니다. 키티의 나이가 많긴 했지만, 떠나보낼 준비는 되어있지 않았던 것이죠. 효신 씨를 돕는 전문가는 반려동물 사별은 일어난 현실이며, 생명의 유연함이 반드시 부정적이지는 않다는 점을 효진 씨에게 인식시키고자 노력 중입니다. 전문가는 효진 씨에게 키티가 떠나기 전에 3년 동안 아팠던 것을 질문하면서, 어쩌면 죽음이 키티를 더 이상 고통스럽지 않게 만들어주었다고 말합니다. 효진 씨가 현실을 받아들일 수 있도록 돕는 중입니다. 현실을 받아들이는 것이 애도의 기초 단계니까요.

사례3.

40대 직장인 남성 진영 씨는 15살 반려견 진돌이와 갑자기 이별했습니다. 아침까지 산책도 잘했고, 밥도 잘 먹고, 최근 건강검진에서 이상이 없다고 들었는데, 갑자기 집에서 진돌이가 사망했습니다. 진영 씨는 최선을 다해 진돌이를 돌본 훌륭한 반려인이었지만, "진돌이가 아프다는 걸 알았어야만 했어요. 다른 사람은 몰라도 저는 알았어야 했어요"라고 자책하며 큰 죄책감을 느끼고 있습니다.

전문가는 진영 씨가 스스로 '지나치게 엄격한 기준으로 자신을 평가하지 않도록' 돕기 위해, 그동안 진돌이를 헌신적으로 돌봤다는 점에 대해 이야기를 나누는 중입니다. "진영씨는 그동안 지극정성으로 진돌이를 돌보았지요. 사료도 항상 좋은 것만 먹이고, 매일 산책을 시켜주고, 건강검진도 자주 해주셨잖아요. 만약 어떤 친구분이 진영 씨처럼 반려견을 돌보다가, 예고도 없이 갑자기 이별하게 됐는데, 자책하고 있다면 어떤 말을 해주고 싶으세요?"라고 질문하면서 말이죠.

사례4.

정원 씨 가족은 최근 12년간 함께한 반려견 해피를 떠나보냈습니다. 해피가 자궁축농증 수술을 받아야 해서 가까운 동물병원에 갔는데, 수술 시작 후 5분 만에 심정지로 죽고 말았습니다. 수술 전에 체중검사, 혈액검사 등 사전검사가 없었고, 수액 설치 없이 혈관도 확보하지 않은 채, 호흡마취가 아닌 주사마취로 수술이 진행됐습니다. 수술 장소도 기본적인 수술 장비도 없는 비위생적인 공간이었습니다. 12년간 함께한 반려견을 동물병원에서 한순간에 떠나보낸 안타까움에 피켓 시위도

하고, 방송에 출연해 억울함을 호소하기도 했습니다.

동물병원에 찾아가 사망 이유를 묻고 수의사의 사과를 받고자 했지만, 잘못이 없다는 수의사의 말에 "사과 한마디면 됐는데…"라며 병원 대기실 바닥에 주저앉아 오열했습니다.

정원 씨는 "준비할 기간이라도 있었으면 마음이 이렇게 힘들지는 않았을 텐데, 5분 만에 수술대에서 허망하게 보내버렸다"라고 말합니다. 또한 "12년의 세월 동안 애지중지 키웠는데, 이렇게 헤어지려고 그랬을까"라며 허망함을 느끼고 있습니다.

사례5.

40대 수의사 용준 씨는 오랫동안 동물병원에서 일하면 수많은 동물의 죽음을 경험했습니다. 또한, 반려인으로서 여러 동물과 함께했고, 지금도 반려견 4마리, 반려묘 2마리와 함께 생활하고 있습니다.

그랬던 용준 씨는 3년 전 유기견 출신이었던 순돌이를 떠나보냈습니다. 인연을 맺은 수많은 반려동물 중에 지금도 순돌이에게 가장 큰 애착을 느낀다는 용준 씨. 그래서 유독 죄책감도 많이 들며 힘들었다고 합니다.

용준 씨가 처음 순돌이를 만났을 때 순돌이의 추정 나이가 12세일 정도로 많았습니다. 놀이터에서 발견되어 동네 아이들이 용준 씨에게 데려왔는데 홍역에도 걸려있었죠. 치료 후 새로운 가정에 입양을 보냈지만 결국 파양되어 용준 씨와의 인연이 시작됐습니다.

청력도 잃은 순돌이는 용준 씨가 출퇴근을 할 때 마중을 나오지 않고, 다른 동거 반려동물과도 그다지 어울리지 않았지만, 용준 씨는 순돌이에게 가장 큰 애착을 갖게 됐습니다. 당시 용준 씨는 지방에서 살다가 서울에 올라와서 진료수의사로 일을 처음 시작했는데, 생활환경이 바뀌어서 개인적으로 많이 힘들었다고 합니다. 그런 힘든 상황에서 순돌이와 함께하니 동질감을 느낀 것이죠. 그래서인지 순돌이가 떠난 지 3년이 지났지만 여전히 용준 씨가 가장 큰 애착을 느끼는 존재는 '순돌이'입니다.

위에서 소개한 사례처럼, 펫로스 후 아픔은 사람마다 다양하게 나타납니다. 반려동물과 함께했던 시간이 어느 정도였는지, 반려동물이 무지개다리를 건넌 이유가 무엇인지, 펫로스 후 슬픔을 나눌 친구와 가족이 몇 명인지 등이 영향을 미칩니다. 심지어 반려동물이 유기동물 출신인지 아닌지에 따라서도 증상이 달라지며, 질병사의 경우에도 오랫동안 간호를 할 시간이 있었는지 없었는지에 따라 슬픔의 정도가 다릅니다. 의료사고로 반려동물을 잃은 경우 허망함이 커집니다. 똑같은 상황이더라도 반려인의 성격이 슬픔 정도에 영향을 주기도 합니다. 여러 반려동물 중에 특별히 애착이 갔던 동물이 사망한 경우 더 힘들어할 수 있습니다. 수의사조차 펫로스 증후군으로 힘든 시간을 보냅니다. 동물을 치료하는 사람이기 전에 반려인이거든요.

반려동물의 죽음을 슬퍼하는 건 오늘날의 일이 아닙니다. 그리스 역사가 헤로도토스(Herodotos)에 따르면, 고대 이집트인들도 개, 고양이가 죽으면 애도하고 슬퍼했습니다. 펫로스 후 슬픔을 겪는 건 고대부터 당연한 일이었습니다. 그러나 여전히 우리나라에서는 펫로스를 이상하고 비정상적이고 숨겨야 하고 티 내지 말아야 하는 것으로 취급합니다. 우리나라에서도 펫로스를 겪는 반려인이 점점 많아지고 있으며, 심한 펫로스 증후군으로 힘들어하는 분들도 늘어나고 있습니다. 펫로스 증후군도 다양한 형태도 나타납니다. 우리는 다양한 펫로스 사례를 직간접적으로 접하고, 어떻게 위로와 공감을 주고받아야 하는지 알아야 합니다. 펫로스 후 아픔은 사람마다 굉장히 다르게 다가오기 때문입니다.

(*실제 사례들을 각색했습니다. 반려인의 이름은 가명입니다.)

특수목적견, 도우미견과의 이별

"단수야. 우리 처음 만난 날 기억하니? 너를 만난다는 생각에 나는 종일 설렘으로 가득했어. 그런데 이제는 헤어지게 된다니 너무 아쉽다. 건강하게 있어줘. 전역할 때 꼭 널 데리러 올게."

작년 여름 강원도 춘천시 육군군견훈련소에서 열린 '최정예 군견 은퇴식 및 은퇴견 민간 분양식'에서 군견 '단수'의 관리병인 신재훈 일병(당시 기준)이 단수에게 쓴 편지 내용 중 일부입니다. 군견 관리병(군견병) 육군 2탄약창 신재훈 일병은 전역 후 단수를 분양받을 계획입니다. 현재 우리나라에는 약 1,300여 마리의 군견이 있습니다. 그리고 군견 옆에는 항상 군견을 관리하는 군견병이 있습니다. 군견병은 사료 주기, 씻기기, 빗질하기 등 일반적인 관리부터 훈련까지 군견과 함께합니다. 그만큼 군견병과 군견의 유대 관계는 끈끈할 수밖에 없죠.

같이 활동했던 군인이 죽자 같은 날 따라 죽은 군견 테오(Theo) 이야기를 혹시 아시나요? 테오는 아프가니스탄 헬만드에 투입되어 폭탄 탐지견으로 활동한 영국의 군견이었습니다. 2010년부터 2011년까지 리암 테스커(Liam Tasker) 상병과 함께 활동하며, 위험한 폭탄 제거 업무를 훌륭히 수행했죠. 어느 날 작전 중에 리암 테스커 상병이 총에 맞아 즉사했습니다. 그런데 그날 테오가 갑자기 원인을 알 수 없는 발작을 하더니 곧 죽고 말았습니다. 영국군은 부검을 통해 테오의 사망 원인을 밝혀보려 했지만 원인을 찾지 못했죠. 부검 결과는 '원인을 알 수 없음'이었지만, '리암 테스커 상병의 죽음으로 테오가 큰 상실감을 느꼈고, 그 결과 죽은 것'이라는 데 동의하지 않는 부대원은 없었습니다. 테오와 리암 테스커 상병의 이야기를 보면, 군견과 군견병은 단순한 동물과 관리자의 관계를 넘어 '전우'라고 봐야 할 것 같습니다. 그래서 신재훈 일병처럼 자신이 돌봤던 군견이 은퇴하면 직접 입양하는 경우가 많습니다.

수의장교로 군복무를 했던 오인용 수의사가 수의장교 시절 돌봤던 래브라도 리트리버 군견 예능이를 직접 입양해 화제가 된 적도 있습니다. 오 수의사의 1년 차 장교 시절인 2012년 9월, 예능이의 다리가 부러졌습니다. 예능이가 3~4개월령 정도의 어린 나이일 때의 일이었습니다. 오 수의사는 예능이의 성장판이 골절되었기 때문에 완치가 되더라도 보행이 완전히 돌아오지 않을 수 있다는 걸 알았습니다. 하지만 오 수의사는 대학동물병원 선배들에게까지 연락해서 예능이가 수술을 받을 수 있도록 도왔습니다. 그렇게 하지 않으면 예능이가 안락사 대상이 될 수밖에 없었기 때문이죠. 지금은 은퇴 군견을 민간인에게 분양할 수 있는 제도가 생겼지만, 당시에는 그런 제도가 없고 '폐견제도'가 있을 때였거든요.

오 수의사는 수술 후에도 재활치료라는 명분으로 예능이를 계속 보호했습니다. 곧 폐견제도가 없어진다는 이야기를 들었기 때문입니다. 오 수의사의 노력으로 예능이는 관리견으로 지낼 수 있었습니다. 오 수의사는 군견의 민간인 입양 제도가 생기자마자 직접 지원해 예능이를 입양했습니다.

군견처럼 우리를 돕는 개들이 주변에 많습니다. 마약탐지견, 인명구조견, 경찰견 등의 '특수목적견'과 시각장애인, 청각장애인 등을 돕는 '도우미견', 그리고 동물매개치료 활동을 도와주는 '활동견'도 있죠. 외국에서는 이런 봉사견들을 통틀어 서비스견(Service Dog)이라고 합니다. 봉사견들과 보호자의 관계는 더욱 돈독하므로 이별 후 보호자를 더 힘들게 합니다. 특히 장애인 도우미견은 장애인의 신체 일부가 되어주기 때문에, 도우미견과의 이별은 심리적 아픔과 육체적 고통까지 동반합니다.

일반적인 반려견도 그렇지만, 도우미견은 장애인에게 무조건적인 사랑과 안정감을 주고, 사회 활동을 더 많이 할 수 있게 돕습니다. 언제나 순종적으로 장애인을 위해 노력하죠. 장애인도 자신의 손, 발, 눈, 귀가 되어주는 도우미견에게 더 의지하고 더 큰 애착관계가 형성됩니다.

우리나라에도 시각장애인 도우미견(안내견), 청각장애인 도우미견은 물론 거동이 불편한 지체장애인을 도와 물건을 가져오고, 몸을 일으켜 주고, 휠체어를 끌어주고, 문을 여닫고, 스위치를 대신 눌러주는 지체장애인 도우미견이 활동하고 있습니다.

《Working Like Dogs: The Service Dog Guidebook》의 저자 마시 데이비스(Marcie Davis)는 40년 이상 하반신마비를 겪었는데, 그중 20년 이상을 도우미견과 생활했습니다. 그녀의 첫 번째 도우미견이었던 라모나는 9살이 됐을 때 심장종양에 걸렸고, 결국 그녀는 라모나를 안락사로 떠나보냈습니다. 그녀는 라모나가 떠난 이후 깊은 슬픔에 빠졌는데, 마치 처음 장애를 가졌을 때처럼 큰 상실감과 무력감을 경험했다고 합니다. 그녀는 심각한 불안을 겪고, 무엇을 해야 할지 도무지 알 수 없었습니다. 그러다가 떠난 라모나와 다른 도우미견들을 위해 무엇이라도 해야겠다는 생각을 가지게 됐고, 라모나를 추억하며 위 저서를 썼습니다. 그리고 도우미견의 노력을 세상에 더 알리기 위해 '세계 도우미견 주

(International Assistance Dog Week)'를 만들었습니다.

　한 연구에 따르면 도우미견과의 이별은 심리적 상실과 신체의 독립성 손실까지 가져오며, 소울메이트를 잃는 것과 비슷한 슬픔을 준다고 합니다. 특히 준비 없이 갑자기 도우미견과 이별하면 어떻게 해야 할지 모르게 된다고 하죠. 또한 '다른 반려견처럼 많이 뛰어놀지 못하고, 자신을 위해 희생만 하다가 떠났다'는 생각에 미안함을 더 많이 느끼는 분도 있습니다. 우리나라에서도 매년 평균 20여 마리의 안내견이 장애인에게 분양됩니다. 장애인분들과 장애인 도우미견이 큰 애착관계를 가진다는 점을 고려하면, 장애인분들이 도우미견과 이별했을 때 더 많은 관심을 가져야 합니다. 특히 우리나라는 펫로스에 대한 사회적 도움이 부족한 편입니다. 도우미견과 이별한 장애인분들에게만큼은 사회적 관심과 함께 정부 차원의 도움이 있으면 좋겠습니다.

차라리 아무 말도 하지 말아주세요

펫로스로 힘들어하는 사람을 어떻게 도울 수 있을까요?

펫로스 증후군이 더 심각하게 진행되는 것을 막기 위해서는 주변 사람들의 공감과 이해가 필요합니다. 전문가들은 공통적으로 어설픈 충고나 비난은 오히려 상황을 악화시킨다고 말합니다. 우울증 전문가인 안용민 서울대 교수(전 자살예방협회장)는 "주변 사람이 얼마나 옆에 있어 주느냐가 중요하다"며 "'빨리 털어버리고 이겨내라', '왜 그것밖에 못 하냐'는 식으로 몰아붙이면 오히려 역효과가 난다"고 지적했습니다.

홍승봉 삼성서울병원 교수 역시 "이러쿵저러쿵 말하는 것은 별로 도움이 안 된다. '누구나 우울하다', '네가 과민하다', '의지가 약하다' 등의 말은 오히려 반감을 산다"고 말했습니다.

이 책을 읽는 분들에게 당부드립니다. 반려동물을 떠나보낸 아픔으로 슬퍼하는 사람을 이해해주고 공감하지는 못할지언정 "개가 죽었다고 저러는 거야?"라는 식의 비난은 하지 말아주세요. 차라리 아무 말도 하지 말고 그냥 얘기를 들어주는 것이 훨씬 좋습니다.

반려인과 비반려인의 펫로스 증후군에 대한 이해도는 완전히 다릅니다. 반려인들은 자신의 반려동물을 잃었을 때의 아픔을 생각하며, 펫로스로 힘들어하는 사람을 더 잘 공감해줍니다. 지금은 반려인이 아니지만, 반려동물을 길렀던 경험이 있는 사람들도 마찬가지입니다. 반면, 반려동물과 함께해 본 경험이 없는 분들은 충분히 공감하지 못하는 경우가 많습니다. 평소 공감 능력이 꽤 뛰어난 분들도 어떤 도움이라도 주고 싶다는 생각에 섣부른 위로를 건넸다가 오히려 상처를 입히기도 합니다.

펫로스로 힘들어하는 반려인을 더 아프게 만드는 말들은 크게 3가지 형태로 구분됩니다.

1. "그만 좀 해" 형

가장 먼저 "그만 좀 해" 형이 있습니다. 아픔을 전혀 이해하지 못하고, 오히려 슬퍼하는 반려인을 비난하는 경우입니다.

"야, 너 때문에 우리까지 이게 뭐야. 차라리 그냥 혼자 있던가", "오랜만에 친척들이 모였는데, 네가 꿍하게 있으니까 분위기 처진다" 등 대놓고 비판을 하거나 "아이고 지선씨 눈치 보여서 다 같이 술 마시러 가자고도 못하겠네~"처럼 비아냥거리곤 합니다.

이런 말을 들으면, 주변에 피해를 끼쳤다는 생각에 죄책감이 더 커집니다. 떠난 반려동물에 대한 미안함과 주변 사람들에 대한 송구함까지 더해집니다.

2. "내가 다 알아" 형

"내가 다 알아" 형은 펫로스로 힘들어하는 사람을 전혀 이해하지 못해서 자신의 생각이나 경험을 마구 얘기하는 경우입니다.

"야, 나도 개 키워봤는데 금방 괜찮아져", "뭘 고양이가 죽었다고 그렇게까지 해", "또 키우면 되지 뭘 그래", "네가 애가 없어서 그래. 결혼해서 애 낳아봐" 같은 말이 대표적입니다.

이런 말을 들으면, 아무도 나의 슬픔을 이해해 주지 못한다는 생각이 듭니다. 더 이상 감정을 드러내지 않고 혼자 끙끙 앓게 됩니다. 감정을 표현하고 싶다가도 "그저 개, 고양이일 뿐이야"라는 말을 들으면, 부끄럽고 두려워집니다.

3. 어설픈 위로 형

마지막으로 어설픈 위로 형이 있습니다. 비판하면 안 될 것 같고, 무슨 말이라도 해야겠다는 압박에 실수하는 형태입니다. 아마 우리나라에서 가장 흔히 벌어지는 경우가 아닐까요?

"운동을 해보면 나아질 거야", "다른 동물을 입양하면 괜찮아질 거야", "시간이 약이야", "그래도 코코는 오래 살았잖아" 등이 대표적인 말입니다.

도움을 주려다 오히려 상처를 더 주는 형태입니다. 반려인의 아픔에 공감하는 것은 좋지만, 방법을 몰라서 실수하는 경우죠.

아픔을 대수롭지 않게 여기며 2차 가해를 가하는 분들이 많습니다. 무지 때문에 발생하는 상황입니다. 그만큼 여전히 펫로스 증후군에 대한 사회적 인식이 부족하다는 뜻이겠죠.

흔히, 펫로스를 겪은 사람을 대할 때 세심함이 가장 중요하다고 합니다. 세심함을 바탕으로 '동물을 잃은 경험과 슬픔을 자연스럽게 받아들일 수 있는 토대를 마련해주는 것'이 주변 사람들이 펫로스 후 슬퍼하는 반려인을 도와주는 첫 단추가 되어야 합니다. 상실을 이해하고 수용할 수 있는 환경을 제공해야 합니다. 슬픔을 받아들이는 일은 어렵지만, 꼭 필요한 일이기 때문입니다.

법의간호학 박사인 폴 클레멘츠(Paul T. Clements)는 펫로스에 도움을 주는 원칙으로 '지지'와 '교육' 2가지를 꼽았습니다. 주변인은 펫로스로 슬픈 반려인에게 "슬픔, 그리움, 죄책감 등은 모두 정상적인 애도과정에서 느끼는 감정이고, 건강한 이별을 위해 필수적인 요소"라고 알려주는 역할을 해야 한다는 뜻입니다. 그래야 반려인이 반려동물 없이도 다시 정상적인 일상생활로 돌아올 수 있을 테니까요.

　혹시 당산역에서 취객을 안아준 청년의 이야기 기억하시나요? 지하철 2호선 당산역에서 한 취객이 경찰 2명과 실랑이를 벌입니다. 취객은 경찰을 밀면서 시비를 거는 것도 모자라, 주변 구경꾼들에게 상황을 찍어달라고 소리칩니다. 마치 경찰이 자신에게 위해를 가하고 있다는 것처럼 말이죠. 언뜻 보기에도 인사불성에 통제 불능입니다. 경찰이 "공무집행 방해로 처벌될 수 있습니다"라며 강하게 경고하지만, 취객의 행동은 멈추질 않습니다. 그때 한 청년이 다가가 취객을 꼭 끌어안고 등을 토닥여 줍니다. 한동안 안아주자 취객은 차분해지고, 결국 눈물을 보입니다. 100마디 말보다 청년의 행동 하나가 훨씬 강력했습니다. 한 청년의 행동으로도 공감과 위로가 무엇인지 배우게 됩니다. 무지와 무배려에서 비롯된 말로, 펫로스 후 슬픈 반려인을 더 아프게 하지 마세요. 차라리 아무 말도 하지 않고, 반려인을 가만히 안아주는 건 어떨까요?

슬픔은 병이 아닙니다

심리치료사로 일하던 메건 더바인(Megan Devine)은 결혼을 앞둔 어느 날, 갓 서른 살이 넘은 남자친구가 호수에서 수영하다가 눈앞에서 사망하는 끔찍한 일을 겪습니다. 더바인은 《슬픔의 위로》라는 책에서 자신을 위로하기 위해 다가온 사람들에게 얼마나 많은 상처를 입었는지 고백합니다. 도움을 주려는 타인의 말들이 얼마나 가슴을 아프게 만들었는지, 이미 끔찍한 고통을 겪고 있는 자신에게 평범한 위로의 말들이 얼마나 황당할 정도로 무디거나 멀게 느껴졌는지 아주 섬세하게 분석합니다. 그녀의 말처럼 죽음과 슬픔을 회피하며 살아온 우리는 슬픔을 다루는 법을 잘 알지 못합니다.

어쩔 줄 모르는 우리는 "괜찮아질 거야. 좋아질 거야"라고 말합니다. "힘내, 파이팅!"이라고 외치며 주먹을 꼭 쥐어 보이기도 합니다. 이러한 말들이 지극한 상실의 슬픔 속에 빠져있는 이에게는 실제로 어떻게 들릴까요?

"괜찮아질 거야"라는 말은 '너의 슬픔은 하찮은 거야. 별거 아닌 거라서 금방 사라질 게 뻔해'라는 의미이거나, 나아가 '뭐 이런 일 가지고 그래. 더 힘든 사람도 많은데'라는 비난처럼 들릴 수 있습니다. '좋지 않고 괜찮지 않은 네가 좀 부담스러워'라는 뜻이기도 합니다. 그 정도는 아니더라도, 현재의 고통 속에 있는 사람에게 아프지 않은 미래에 대한 약속은 너무도 비현실적으로 들립니다. 그래서 우리는 슬프게도 이런 말들에서 어떤 위로도 받지 못합니다.

"파이팅"이란 말과 함께 밝게 웃어주는 것 역시 '너는 아프구나. 다행히 나는 안 아파'라는 의미이거나, '그만 징징대 줄래? 좀 지치거든?'이라는 뜻으로 들릴지도 모릅니다. 사실 힘들어하는 사람에게 '파이팅'을 외치는 우리 마음을 가만히 들여다 보면, 격려하고 싶은 사람이 위로하려는 상대가 아니라 상대의 아픔을 공감하느라 무겁게 가라앉은 나 자신일 때가 많습니다. 너무도 슬퍼하는 상대 앞에서 느끼는 무력감 때문에 우리는 '파이팅'이라고 외치며 '그래도 내가 뭐라도 좀 했다'며 스스로를 위로하는 것입니다.

수많은 충고들 역시 마찬가지입니다. "네가 이렇게 잠만 자니까 계속 우울한 거야. 그만 햇볕 좀 쬐어 봐", "이럴 때는 사람들 만나는 게 좋대. 제발 그만 숨어있어" 등등 우리는 어떻게든 상대를 빨리 슬픔에서 건져내기 위해 다양한 전략들을 제시합니다. 그리고 이렇게 쉽고 간단한 해결책조차 따를 생각이 없는 상대가 답답하고, 짜증이 나며, 슬슬 상대에게 실망하기 시작합니다. 마침내 "됐어. 나는 할 만큼 했으니, 네 마음대로 해. 그 늪에 아주 빠져있으라고!"라며 화를 내지요. 상대는 우리에게 도와달라고 부탁한 적도 없는데 말이에요. 혹은 좌절과 분노를 감추려고 상대와 거리를 두고 냉담해지기도 하고요. 하지만 슬퍼하는 사람의 현재가 문제라고 말하면서 '너는 틀렸어, 너는 잘못하고 있어'라고 은근히 비난하는 말들은 위로받고 지지받고 싶은 마음에 생채기를 내고, 오히려 더 단단한 껍질 뒤로 숨게 할 뿐입니다. 롤랑 바르트는 어머니를 잃고 쓴 《애도 일기》에서 "애도는, 우울은, 병과는 다른 어떤 것이다. 그들은 나를 무엇으로부터 낫게 하려는 걸까? 어떤 상태로, 어떤 삶으로 나를 다시 데려가려는 걸까? 애도가 하나의 작업이라면, 애도 작업을 하는 사람은 더 이상 속없는 사람이 아니다. 그는 도덕적 존재, 아주 귀중해진 주체다"라고 말했습니다.

그렇다면 진정한 위로를 하는 방법은 무엇일까요? 우리는 슬퍼하는 그에게 어떻게 다가가야 진정으로 도움이 될 수 있을까요? 우선 슬픔에 대한 관점을 바꿔야 합니다. 우리는 대부분 슬픔을

'해결해야 하는 문제'로 생각합니다. 슬픔이라는 병을 치료해야 하고, 이 병리적 현상을 뿌리 뽑아야 한다고 여깁니다. 그래서 한시라도 빨리 슬픔을 제거하려고 시도합니다. 슬픔이 마치 발이 닿지 않아 금방이라도 빠져 죽을 수 있는 늪인 양 그 사람을 당장 끌어올리려고 합니다. 하지만 메건 더바인이 정확하게 표현한 대로 슬픔은 문제가 아니라 지지가 필요한 경험입니다. 슬픔은 병리가 아니고 자연스러운 반응이며, 당장 절제해야 할 종양 덩어리가 아니라 천천히 소화시켜 나의 일부로 만들어야 할 재료입니다. 이렇게 관점을 바꿔본다면 우리는 슬픔 앞에서 당황하거나 무력해지지 않고, 그 곁에 가만히 함께 앉아있을 수 있습니다.

전공의 시절, 내과 암병동에서 70대 초반 할아버지를 면담해달라는 의뢰를 받은 적이 있습니다. 내과 주치의는 환자가 우울이 너무 심해 정신 평가가 필요하다고 말했습니다. 당시 저는 학생 교육을 담당하고 있어서 3학년 의대 학생 두 명이 제가 면담하는 것을 참관하고자 따라왔습니다. 6인실 병실에서 환자분을 뵙고 간단히 인사를 드리자, 할아버지는 자세히 여쭙지 않았는데도 눈물을 흘리며 사연을 자세히 풀어놓았습니다. 1년 전 아내가 암으로 세상을 떠났고, 아들 둘은 그 와중에 재산 때문에 갈등이 생겨 이제 연락도 끊겼답니다. 할아버지는 반년 전 우연히 건강검진에서 폐암 진단을 받았고, 이미 그때 간과 대장까지 암이 퍼져 수

술도 불가능한 상황이었습니다. 주치의는 할아버지가 길면 6개월 정도 살 수 있을 거라고 했습니다. 할아버지는 병실에서 혼자 누구의 간호도 받지 못하고 지내서, 너무도 힘들고 외롭고 지친다고 말했습니다. 대학병원 입원을 더 유지해야 하는 상황인데 이젠 돈도 거의 떨어진 상황이었습니다. 거의 이십 분 가량 할아버지가 눈물을 뚝뚝 흘리며 이야기하시는 동안 저는 단 한 마디도 하지 못했습니다.

사실 초조했습니다. 학생들 앞에서 세심하고 정교한 반응이나 날카로운 해석으로 할아버지의 슬픔을 멋지게 위로하고, 정신과 의사라는 직업이 이렇게 우아하고 심오하다고 보여주고 싶었습니다. 하지만 참으로 절망적인 상황 속에서, 어떤 대안도 해결책도 없는 막다른 상황 속에서 저는 입 한 번 떼지도 못했습니다. 침묵 속에서 이 상황을 어떻게 수습하나 황망해하고 있는데, 할아버지가 이상하게 조금 맑아진 눈빛으로 숨을 깊이 한 번 내쉬더니 이렇게 말했습니다. "아, 뭐 그래도 괜찮아요. 하는 수 없지요. 하는 데까지 해봐야지요…." 할아버지는 처음보다 훨씬 가벼워진 표정으로 고맙다고 인사를 건넸습니다. 정말로 아무것도 한 게 없는 저는 얼떨결에 자리를 빠져나왔습니다. 그리고 병동 바깥으로 걸어 나오는 동안에 정신을 수습하고 마치 이 상황을 제가 계획한 양(솔직히 완전히 무력했다는 것을 고백합니다), "섣부른 위로보다 이렇게 충분히 이야기를 듣고 함께 있어드리는 것이 정말로 도움이 되는 거다, 이게 듣기의 힘이다"라고 학생들에게 가르쳤습니다. 하지만 정작 슬플 때 함께 있어주는 일의 소중함을 깨달은 것은 저 자신이었습니다.

이렇게 슬픔을 위로할 때는 상대의 슬픔을 충분히 존중해 주고, 그 괴로움에 공감하면서 언제든 마음을 기댈 수 있도록 곁에 있어주어야 합니다. 아무 말 하지 않아도, 어떤 희망적인 말을 억지로 만들어내지 않아도 괜찮습니다. 애착 이론을 창시한 볼비는 이렇게 말했습니다. "우리는 다른 사람이 함께 있을 때만 진정으로 애도할 수 있다."

3장

이별 후,
남은 사람의 슬픔

이별의 아픔 속에서만 사랑의 깊이를 알게 된다.

- 조지 엘리엇(George Eliot)

매일 1,225마리가 떠난다

447,000마리. 우리나라에서 1년에 생을 마감하는 반려동물의 추정치입니다. 매일 1,225마리의 반려동물이 무지개다리를 건너고 있습니다. 생각보다 수가 많아서 놀라지 않으셨나요? 그만큼 펫로스를 겪는 분들이 많습니다. 하지만 우리의 준비는 부족합니다. 펫로스 후 어떻게 해야 할지 몰라 당황하고, 심지어 불법을 저지르는 경우도 꽤 많거든요. 여전히 펫로스에 대한 정확한 정보가 적고, 주변의 이해와 사회적 도움이 부족한 사회입니다.

사실 선진국에서도 많은 반려인이 준비 없이 펫로스를 경험합니다. 우리보다 반려동물 문화가 20년 이상 앞서있고, 펫로스를 공감해주는 문화가 자리 잡은 일본에서조차 준비 없이 반려동물을 떠나보내는 분들이 많습니다. 일본의 한 조사에 따르면, 응답자의 약 72%가 반려동물의 죽음을 인지하고 나서 정신적으로 준비할 시간이 부족했다고 답했습니다. 다만 선진국과 우리나라의 차이점은, 선진국에서는 펫로스를 돕는 사회적 지원과 이해가 충분히 있다는 점입니다.

일본에는 법으로 제정한 '동물애호주간'이 있어서 먼저 떠난 반려동물을 기리는 문화가 발달되어 있습니다. 또한, 이미 1996년에 반려동물 기념 공원 수가 465개를 넘어섰습니다. 반려동물 기념 공원은 반려인들이 자신의 반려동물을 묻고, 장례식을 하고, 종종 방문해 추억을 되새기는 장소입니다. '반려동물 공공 장묘시설'이라고 보면 됩니다. 비용 부담을 느끼는 보호자를 위해 상대적으로 저렴한 비용으로 화장을 할 수 있도록 돕습니다. 반려인의 마음과 상황에 맞게 수목장, 납골당, 개인 묘지, 합동 묘지 등 다양한 형태의 반려동물 묘지를 선택할 수 있는데, 가족 묘지의 경우 사람과 반려동물이 함께 안치됩니다. 합동 납골당에는 언제나 수많은 사진과 편지가 놓여있습니다. 수백 명의 반려인이 모여서 먼저 떠난 반려동물을 기리는 기념행사도 합니다. 일본뿐만 아니라 미국과 중국에도 반려동물 공동묘지가 있고 점점 늘어나는 추세죠.

반면 아직까지 우리나라에는 반려동물 공공 장묘시설이 한 곳도 없습니다. 정부에서 수년 전부터 '반려동물 공공 장묘시설', '도심 반려동물 추모공간' 설치를 추진했으나, 지역 주민들의 반대에 부딪혀 실패했습니다. 지방선거 때마다 후보자들이 지역에 반려동물 공공 장묘시설을 설치하겠다고 약속했지만, 실제로 설립된 경우는 없습니다. 동물화장시설을 혐오시설로 생각해 '설치 반대 운동'이 벌어지는 경우가 많으며, 주민 반대를 이유로 지자체가 동물장묘업 등록 신청을 반려했다가 행정소송으로 이어진 사례도 있습니다. 현재 정부가 김해시와 임실군에 공립 반려동물 장례식장 건설을 추진하고 있는데요, 지역 주민들의 반대를 이겨내고 우리나라 최초의 반려동물 공공 장묘시설이 설치될지 지켜봐야겠습니다.

우리나라에는 공공 장묘시설뿐만 아니라, 펫로스를 겪은 반려인이 '마음을 위로받을 곳'도 부족합니다. 펫로스 증후군 전문 심리상담센터는 손에 꼽을 정도이고, 전문가와 반려인이 함께 모여 슬픔을 공유하는 전문적인 모임도 거의 없습니다. 과거에 정신건강의학과 전문의와 함께 진행하는 펫로스 증후군 치유모임이 있었지만, 사람들이 많이 모이지 않아서 결국 없어졌습니다. 주변의 이해와 사회적 도움이 부족하니, 반려인들도 슬픔을 드러내지 않는 것에 익숙해져 버린 게 아닐까요?

미국에는 반려인의 마음을 위로하는 '사회적 도움'을 쉽게 찾을 수 있습니다. 미국의 한 반려동물 협회에서는 반려인들이 반려동물과의 이별에 잘 대처할 수 있도록 위로 서비스를 제공합니다.

사전 교육을 받은 상담사들이 24시간 전화 상담을 제공하고, 매달 한 번씩 펫로스를 겪은 반려인들을 위한 모임을 개최하죠.

미국 미시간 수의과대학은 1992년부터 펫로스 지원 프로그램(Pet loss Support Program)을 운영하고 있습니다. 펫로스를 겪고 힘들어하는 사람과, 곧 펫로스를 겪을까 봐 걱정하는 분들의 이야기를 들어주고 실질적인 도움을 주는 프로그램이죠. 매주 화~목요일 오후 6시 30분부터 3시간 동안 전화상담센터를 운영하는데, 수의대 학생들이 상담사로 나섭니다. 매달 한 번씩은 수의과대학 동물병원에서 펫로스 모임을 엽니다. 전문적인 상담사가 동참해서 펫로스 증후군을 극복하는 데 도움을 주고 있습니다.

콜로라도 수의과대학에서도 1984년에 아르구스 연구소(Argus Institute)를 설립해 운영 중입니다. 그리스 신화에 나오는 영웅 '오디세우스'의 개였던 '아르구스'의 이름을 딴 이 연구소는 펫로스로 힘들어하는 보호자들과 생애 말기 반려동물 보호자들을 돕습니다. 전문상담사들이 반려동물의 삶의 질 평가방법부터, 안락사 결정, 펫로스 전후 슬픔 상담까지 다양한 서비스를 제공합니다.

미국 버몬트주의 한 지역 신문은 2004년부터 반려동물 부고 기사를 싣고 있습니다. "반려동물은 가족의 일원이기 때문에 가족을 잃은 사람의 슬픔을 알리고 공유하는 기회를 제공해야 한다"는 게 이 신문사의 생각입니다. 반려동물을 떠나보낸 다른 독자들도 반려동물 부고 소식을 듣고 힘든 시간을 이겨내며, 슬픔을 극복하는 힘을 얻었다고 하네요.

펫로스 증후군을 잘 이겨내기 위해서는 슬픔을 억누르고 억제하는 게 아니라, 표현하고 드러내야 합니다. 감정을 숨기지 말고 주변과 나누면서 자연스레 흘려보내야 하죠. 우리는 펫로스 전후로 어떤 감정 변화가 생길 수 있는지, 그리고 그 감정을 어떻게 추슬러야 하는지 알아야 합니다. 반려인은 물론 '반려인을 위로해줘야 할' 비반려인도 말이죠.

반려동물을 묻어줘도 되나요?

"럭키만 생각하면, 미안하다는 말밖에 해줄 말이 없어…. 반려동물은 네가 처음이라 어떻게 해야 할지 몰랐어. 서툴게 보내서 너무 미안해."

태어나서 처음 함께한 반려견 럭키를 떠나보낸 지숙 씨는 지금도 럭키를 생각하면 미안한 마음뿐입니다. 럭키가 떠난 뒤 어떻게 해야 할지 몰라서 너무나 서툴게 럭키를 보냈기 때문이죠. 지숙 씨는 현재 둘째 아이와의 이별을 미리 준비하고 있습니다. 럭키를 보낼 때처럼 서툴게 보내지 않기 위해서죠. 둘째와의 이별을 준비하면서 지숙 씨는 자신이 럭키를 잘못 보냈다는 걸 깨달았습니다. 지숙 씨는 럭키를 집 뒤에 있는 동산에 묻어줬는데, 사실 그게 불법행위였습니다. 자기 땅에 묻어주는 것도 불법이라니, 지숙 씨는 쉽게 이해가 되지 않았습니다.

"아니, 쓰레기봉투에 담아서 버리라고요?!"

안타깝게도 우리나라에서 반려동물은 물건으로 취급됩니다. 우리나라 민법은 인간과 물건이라는 이분법적 체계를 가지고 있는데요, 동물은 인간이 아니므로 법적으로 물건입니다. 그래서 아무 물건이나 땅에 묻으면 안 되는 것처럼 동물을 땅에 묻는 행위도 불법이죠.

종종 충격적인 동물학대 사건에 어이없을 정도로 낮은 처벌이 내려지기도 합니다. 법적으로 동물이 생명이 아닌 물건 취급을 받다 보니 생기는 일입니다. 예를 들어 반려견과 스마트폰은 법적으로 똑같이 '물건'이기 때문에 반려견을 땅에 던져버리는 학대 행위는 스마트폰을 바닥에 집어 던진 행위와 차이가 없습니다. 반면 동물복지 선진국들은 '사람-물건-동물'이라는 삼분법적 체계를 가지고 있고, '동물이 물건이 아닌 생명체'라는 점을 확고히 합니다. 우리나라도 이런 삼분법적 민법 체계를 만들어야 동물학대 행위 처벌도 근본적으로 강화될 수 있지 않을까요?

땅에 묻는 게 불법이라면, 반려동물 사체는 어떻게 처리해야 할까요? 너무나 안타깝지만, '법적으로 물건 취급을 받는' 동물 사체는

폐기물로 처리해야 합니다. 생활 쓰레기봉투에 담아서 버려야 한다는 뜻입니다. 가족처럼 키운 반려동물을 쓰레기봉투에 담아서 처리해야 한다니 마음이 아플 수밖에 없습니다.

간혹 "내 땅에 묻는 것은 괜찮지 않아요?"라고 묻는 분들이 있는데, 자기 소유의 땅에 묻는 것도 안 됩니다. 땅 주인이 바뀌었을 때 문제가 될 수 있고, 환경 문제도 발생하거든요. 간혹 야생동물이 땅을 파헤쳐서 사체를 훼손하는 일도 생깁니다. 따라서 반려동물 사체는 땅에 매장하지 않아야 합니다.

쓰레기봉투에 담아서 버리는 방법 말고, 다른 합법적인 방법들도 있습니다. 우선 동물병원에 사체 처리를 위탁할 수 있습니다. 동물병원에서는 반려동물 사체를 '의료폐기물'로 분류하여 다른 의료폐기물과 함께 처리업체로 보냅니다. 합법적인 방법이지만, 사랑하는 가족의 마지막을 의료폐기물로 처리하는 건 정서적으로 받아들이기 쉽지 않습니다. 따라서, 반려동물 문화가 발달할수록, 정식 등록된 업체를 통해 반려동물을 화장하는 방법이 가장 추천됩니다. 그러나 1년에 사망하는 약 45만 마리 반려동물 중에 동물장례를 하는 경우는 8만 건(17.8%)에 불과합니다. 합법적이면서 정서적으로 가장 납득할 수 있는 '반려동물 화장'이 아직 외면받고 있는 것이죠. 아마 땅에 묻어도 된다고 생각하는 분들이 여전히 많아서 그런 것 같습니다. 2018년 한국펫사료협회 설문조사를 보면, 보호자가 기르던 반려견이 죽은 뒤에 '직접 반려견을 땅에 묻었다'는 응답이 절반에 육박했습니다(47.1%). 반려동물 사체를 땅에 묻으면 불법인데도 말이죠. 심지어 반려묘는 땅에 묻은 비율이 더 높았습니다(52.0%).

우리의 삶에 큰 행복을 주고 떠난 반려동물. 가장 아름다운 마지막 인사는 그들을 위해 장례를 치러주는 것이 아닐까요?

> **합법적인 반려동물 사체 처리 방법**
> ① 쓰레기봉투에 담아 폐기물로 처리하기
> ② 동물병원에 의뢰하기
> ③ 합법적인 동물장묘업체 이용하기

우리를 두 번 울리는
불법 장묘시설

"저희 집 반려견도 거기서 보냈는데, 어떻게 이럴 일이 생길 수 있죠? 떠난 스타에게 너무 미안해요."

지난 2016년, 동물 사체를 한꺼번에 화장하던 동물장묘업체가 적발되어 언론에 보도됐습니다. 그 동물장묘업체는 반려인이 화장하는 모습을 지켜보지 않는다고 여러 마리를 동시에 화장한 뒤, 유골을 1/n해서 각 반려인에게 전달했습니다. 유골함에 자신의 반려동물이 아니라 여러 동물의 유골이 섞여있다는 걸 알게 된 반려인들은 큰 충격에 빠졌습니다.

"다른 반려동물로 만든 스톤을 섞어서 주거나, 모양이 예쁘지 않은 스톤은 버렸습니다." 전 직원의 폭로로 불법행위가 알려진 사례도 있습니다. 메모리얼 스톤(Memorial Stone)은 반려동물의 유골을 담아 만든 보석 모양의 돌인데요, 한 업체가 여러 마리 반려동물의 유골을 섞어서 스톤을 만들어 판매했습니다.

사랑하는 가족을 떠나보내 슬픈 반려인을 두 번 울리는 짓이자, 반려동물과의 아름다운 작별을 무참히 짓밟는 행동이었습니다. 이들에게는 생명의 가치보다 돈벌이가 더 중요했던 것 같습니다.

이처럼 나쁜 짓을 하는 업체들로부터 피해를 입지 않기 위해, 사전에 괜찮은 동물장묘업체를 알아두는 지혜가 필요합니다. 반려동물이 무지개다리를 건넌 직후에는 경황이 없어서 업체를 알아보는 것이 쉽지 않습니다.

그렇다면, 동물장묘업체는 어떻게 선택해야 할까요?

동물장묘업은 그냥 할 수 있는 사업이 아닙니다. 동물보호법에 따라 일정한 시설을 갖추고 '동물장묘업' 등록을 한 뒤에 영업해야 합니다. 그런데 동물장묘업 등록을 하지 않은 채 불법 영업을 하는 업체가 생각보다 많습니다. 다른 반려동물의 분골을 사용하고, 무허가 구역에서 영업을 하는 곳도 있죠. 심지어 "반려인들에게 편의를 제공하겠다"며 이동식 화장장 영업을 하는 분들도 있습니다. 이동식 동물 화장장은 현재 모두 불법입니다. 환경 문제가 발생할 수도 있고, 위생적으로 좋지 않기 때문입니다. 게다가 일반 소각시설을 이용하여 유골 손실량이 더 많아지기도 합니다. 따라서 이동식 동물장묘업체는 이용하지 않아야 합니다.

정식 등록된 합법적인 동물장묘업체 리스트는 동물보호관리시스템(www.animal.go.kr)에서 확인할 수 있습니다. 업체 이름과 연락처는 물론, 소재 지역과 영업 내용, 홈페이지 주소까지 제공합니다. 2021년 1월 기준 55개 업체가 등록되어 있네요. 사단법인 한국동물장례협회가 운영하는 반려동물 장례 정보 제공 포털 'e동물장례정보포털(www.eanimal.kr)'에서도 합법 동물장례식장을 찾을 수 있고, 동물장례 관련 각종 정보를 얻을 수 있습니다.

(e동물장례정보포털)

합법적인 업체를 찾았다고 끝나는 건 아닙니다. 괜찮아 보이는 업체를 찾은 뒤에 여유가 된다면, 꼭 시설에 직접 가보길 바랍니다. 홈페이지에 올라온 사진이나 설명이 실제와 다를 수도 있으니까요. 후기를 확인하고, 직접 전화를 해서 '장례 절차를 투명하게 공개하는 곳'을 찾는 것이 중요합니다. 앞서 소개한 '개별 화장을 한다고 해놓고, 단체 화장을 한 뒤에 유골을 나눠줬다가 적발된' 업체도 사실 법적으로 등록된 합법 동물장묘업체였거든요.

유골함은 어떻게 보관할까요?

　　반려동물 장례 이후 유골함을 받게 됩니다. 유골함을 업체에 맡길 수도 있고, 집으로 가져올 수도 있습니다. 최근에는 집안 한쪽에 떠난 반려동물의 사진과 유골함을 놓아두고, 반려동물을 추억하는 분들을 쉽게 만날 수 있습니다.

　　반려동물 유골함 종류는 매우 다양합니다. 진공 유골함, 황토 유골함, 천년포 등 기능성 유골함부터, 한지 유골함, 코르크 유골함 등 1~2년 안에 땅에 흡수되어 분해되는 유골함도 있습니다. 흡수되는 형태는 수목장에 이용하기 좋습니다. 이외에도 원목으로 만든 유골함, 도자기 유골함도 있습니다.

　　유골함을 가정에서 보관한다면, 해가 들어오지 않고 습도가 낮으면서 온도변화가 적은 장소에 보관해야 합니다. 벌레가 생길 수도 있거든요. 집에서도 잘만 관리하면 몇 년씩 문제없이 유골함을 보관할 수 있습니다.

가정에서 유골함을 보관하기 어려울 것 같다면, 동물장묘업체 납골당을 추천합니다. 최근에는 명절이나 기일에 동물장묘업체 납골당을 찾는 분들이 늘고 있습니다. 혹시 집 안에 둔 유골함 때문에 아픈 기억이 자꾸 떠오르고 슬픔 극복이 어렵다면, 유골함을 업체 납골당에 보관하길 추천합니다.

유골을 아주 오랫동안 간직하고 싶다면, 메모리얼 스톤도 좋습니다. 메모리얼 스톤은 유골을 고온고압에서 녹여 보석 형태로 만든 돌입니다. 아무래도 가루보다 온도나 습도의 영향을 덜 받기 때문에 오랜 기간 보존할 수 있습니다.

떠난 반려동물에 대한 슬픔으로 힘들겠지만, 상황을 잘 고려하여 유골함을 선택해야 합니다. 내 상황에 맞는 유골함을 선택함으로써 떠난 반려동물과의 행복했던 추억을 건강하게 떠올릴 수 있습니다.

사람은 사망신고,
반려견은 동물등록 말소신고

반려견을 떠나보내고 경황이 없겠지만, 그래도 30일 안에 꼭 해야 할 일이 있습니다. 바로 '동물등록 말소신고'입니다.

우리나라는 동물등록제를 시행하고 있습니다. 2개월령 이상 반려견은 예외 없이 모두 동물등록을 해야 하죠. 참고로 반려묘 등록은 현재 일부 지역에서 시범 사업을 하고 있습니다. 아마 몇 년 안에 고양이 동물등록도 의무가 될 것으로 보입니다. 동물등록은 법적 의무사항이기 때문에 등록하지 않았다가 적발되면 100만 원 이하의 과태료를 내야 합니다. 실제로 과태료를 내는 분들도 있습니다. 정부가 2019년 9~10월에 실시한 집중 단속 때 동물미등록으로 단속된 경우가 150건이나 됐습니다. 따라서 2개월령 이상 반려견과 생활하고 있다면, 가까운 동물병원(동물등록대행기관)

을 방문해서 꼭 동물등록을 해주길 바랍니다. 사람도 아이를 낳으면 출생신고를 하죠? 동물등록도 마찬가지입니다. 반려견을 키우면서 동물등록을 안 하는 건, 아이를 낳아놓고 출생신고도 안 해주는 것과 똑같습니다. 부모로서 자격이 없는 겁니다.

그런데 동물등록을 했다고 끝나지 않습니다. 우리도 이사를 가면 전입신고를 하고, 부모님이 돌아가시면 사망신고를 하죠? 동물도 마찬가지입니다. 동물등록을 한 뒤에 연락처가 바뀌었거나 주소가 변경되었으면 변경신고를 해야 합니다. 또한, 반려견의 소유자가 바뀌었을 때도 신고해야 하죠. 그리고 등록된 반려견이 사망했을 때도 역시 '동물등록 말소'를 해야 합니다. 기간은 '30일 이내'입니다. 동물등록 변경신고와 말소신고를 하지 않아도 50만 원 이하의 과태료가 부과되므로 '동물등록'뿐만 아니라 '변경신고, 말소신고'도 꼭 기억하길 바랍니다.

동물등록 변경신고와 말소신고는 동물보호관리시스템(www.animal.go.kr)이나 동물등록을 했던 구청에서 할 수 있습니다. 동물보호관리시스템을 이용할 경우, 회원가입을 하고 로그인을 한 뒤 온라인상에서 직접 정보를 변경하면 됩니다. 구청을 통해서 동물등록 말소신고를 할 때는 '동물등록변경신고서', '동물등록증', '사망증명서류'를 가져가야 합니다. 사망증명서류는 반려견이 숨을 거뒀다는 걸 입증하는 서류입니다. 수의사가 발급한 '폐사증명서류'나 동물장례식장에서 발급한 '장례(화장)증명서'를 뜻합니다.

불법 동물장묘업체가 발급한 서류는 효력이 없죠. 결국, 불법 장묘시설에서 장례를 치르면 동물등록 말소신고도 못하게 됩니다.

동물등록 변경신고와 말소신고가 법적 의무사항이고, 이행하지 않았을 때 과태료를 낸다는 사실을 강조하고 싶지는 않습니다. 반려동물 보호자로서의 마지막 '책임감'이 더 중요하지 않을까요? 과태료를 내지 않기 위해서가 아니라 반려동물과의 책임감 있는 이별을 위해 떠난 반려동물의 말소신고를 꼭 해주길 바랍니다.

남겨진 나의 마음을
정리하는 법

　　반려동물과의 이별은 가족을 잃은 것 같은 슬픔을 줍니다. 하지만 3일간의 장례식, 49재 등의 여러 가지 의식이 있는 사람의 죽음과 달리, 동물이 죽었을 때는 충분히 슬퍼하고 위로받을 기회가 부족합니다. 특히 펫로스에 대한 이해와 공감 문화가 부족한 우리나라에서는 슬픔을 이겨내기가 더욱 힘들죠. 하지만 이별 없는 사랑은 없고, 우리는 다시 일상생활로 돌아가야 합니다(사실, 사랑하는 존재가 떠났으므로 그 전의 일상으로 돌아가는 것이 아니라, 반려동물이 없는 새로운 삶을 시작하는 것이라고 해야겠죠?). 그러기 위해 '충분히 슬퍼하는 것'이 중요합니다. 상실 이후 느끼는 슬픔은 자연스러운 반응이자 치유 과정이기 때문이죠.

　　미국 버지니아주 샬러츠빌에서 펫로스 지원그룹을 운영하는 멜바 엣킨슨(Melba Atkinson)은 "상실을 경험한 뒤 슬픔을 느낄 때 바로 마주하지 않고 피해버리면, 언젠가 처음보다 더 복잡한 슬픔을 겪게 된다"고 말합니다. 지연된 슬픔 증상을 겪게 된다는 뜻이죠. 그리고 "사회적 압력에 굴복해서 '단지 개·고양이였을 뿐이야, 슬픔을 느껴서는 안 돼…. 빨리 내 감정을 추슬러야 해'라고 스스로 생각하지 말아야 한다"라고 강조합니다.

주변의 무공감 때문에 자신의 감정을 안으로 밀어 넣지 말고, 슬픔을 마주하며 충분히 슬퍼해야 합니다. 어떻게 충분히 슬퍼하고, 마음을 정리할 수 있을까요? 남겨진 나의 마음을 정리하는 데 도움이 되는 방법들을 소개합니다.

- 주변 사람과 슬픔 나누기

펫로스 후 슬픔을 잘 극복하고 펫로스 증후군으로 이어지는 걸 예방하기 위해서는 참지 말고 충분히 슬퍼해야 합니다. 감정을 억누르기보다 자연스럽게 표현하고 나누는 게 좋습니다. 혼자 있을 때 아픔을 밖으로 드러내면서 충분히 표현해 보세요. 그리고 기회가 되면 주변 사람들과도 슬픔을 나눠보길 바랍니다. 내 반려동물을 기억하는 사람들을 초대해서 저녁을 대접해보세요. 내 반려동물과 함께 산책하고 애견카페에 같이 가고 동호회 모임에 참여했던 반려동물도 초대하면 더 좋겠죠?

다 같이 저녁을 먹으면서 떠난 반려동물을 이야기하고 추억을 회상하는 동안 아픔이 조금씩 줄어들게 됩니다. 좋은 추억만 남으면서 슬픔이 승화되기도 합니다. 우리는 혼자가 아닙니다. 단, 꼭 기억해야 할 것은 '펫로스를 이해할 수 있는' 사람과 함께해야 한다는 점입니다. 분명, 펫로스를 이해 못 하는 친구도 있을 겁니다. 펫로스를 이해하지 못하는 사람과는 잠시 멀어지면 어떨까요? 공감과 위로를 받기는커녕, 오히려 마음을 정리하는 데 방해가 될 수 있으니까요.

- 편지 쓰기

떠난 반려동물을 떠올리며 편지를 써보세요. 반려동물과 헤어질 때 느낀 슬픈 감정뿐만 아니라 함께하면서 겪었던 에피소드와 그때 느꼈던 감정들도 함께 적습니다. 재밌었던 일화도 쓰고, 나와 반려동물만 단둘이 공유했던 순간도 떠올려보세요. 다른 사람들은 이해하지 못하겠지만요.

내가 아플 때 반려동물이 내 옆에서 가만히 나를 지켜줬던 일, 과제를 할 때 컴퓨터 모니터를 가리며 나를 방해했던 일, 산책하러 가서 지친 기색도 없이 계속 달렸던 일, 암 진단을 받고 치료를 시작했던 일 등 함께한 추억들을 천천히 떠올리며, 감정을 되새겨보세요. 떠난 반려동물을 건강하게 기억하는 기회가 되고, 이토록 '놀랍도록 사랑스러운 존재가 내 삶에 많은 것을 가르쳐줬구나'라는 생각에 고마움을 느낄 수 있을 거예요.

"선생님, 우리 행복이를 사랑으로 돌봐주셔서 감사드립니다. 지금은 행복이가 먼 하늘에 예쁜 별이 되었지만, 선생님 덕분에 조금 더 오랜 시간 제게 사랑을 주고 떠난 것 같아요. 동물병원을 지나갈 때마다 행복이를 추억할게요. 건강하세요."

편지는 나뿐만 아니라 다른 사람들에게도 쓸 수 있습니다. 우리 행복이를 잘 돌봐줬던 수의사, 유난히 행복이를 예뻐했던 내 친구, 행복이의 산책 친구가 되어주었던 해피의 보호자 등 행복이를 기억하는 사람들에게 감사의 편지를 써보는 것은 어떨까요?

- 사진첩 만들기

반려동물과의 추억을 담은 사진들을 모아 사진첩을 만들어보세요. 내가 가지고 있는 사진과 더불어 내 반려동물을 기억하는 다른 사람들에게도 사진이 있다면 달라고 요청하고요. 그럼 내가 모르고 있던 일화를 새롭게 알게 되거나 잊고 있던 기억이 떠오를 수 있습니다.

사진을 붙이고 그 밑에 날짜, 같이 있던 사람, 그날의 이야기를 적어서 사진첩을 만든 뒤, 종종 꺼내보세요. 자연스레 행복했던 추억이 떠오르면서 건강하게 마음 정리를 할 수 있습니다. 마치 졸업 앨범을 찾아보고 나도 모르게 웃음 짓는 것처럼 말이죠.

- 자기 전에 사진 보기

아직 반려동물과 제대로 작별 인사를 하지 못한 것 같은 생각이 드나요? 한 번이라도 반려동물이 꿈에 나와주길 바라고 있나요? 그럼 잠자리에 들기 전에 반려동물 사진을 보면서 "제대로 작별 인사를 할 수 있도록 꿈에 나와줘. 네가 날 매일 기다렸던 것처럼 이제는 엄마가 꿈에서 기다리고 있을게"라고 말해보세요. 그리고 반려동물에 관해 꾼 꿈을 종이에 적어보세요. 언젠가 만족스러운 꿈을 꾸게 되면서, 반려동물과의 이별도 아름다운 추억이될 수 있답니다.

- 기념품 간직하기

반려동물을 기억할 수 있는 물건을 몇 개 간직하세요. 유독 좋아했던 장난감이나 외출할 때 입었던 옷, 산책할 때 찼던 리드줄, 관절염이 생기고 난 뒤에 탔던 유모차도 좋습니다. 이동장이나 사료 그릇을 간직할 수도 있습니다. 생전에 발바닥을 찍은 종이를 미리 만들어서 책상 한쪽에 두거나 작은 사진을 늘 지갑에 넣고 다니는 것도 좋아요. 털을 조금 잘라서 가지고 있다가, 반려동물이 그리울 때 꺼내어 쓰다듬어 보는 것도 추천됩니다.

사실 반려동물이 떠나면 물건들을 어떻게 해야 할지 고민이됩니다. 빨리 버리자니 마음이 너무 아프고, 모든 물건을 전부 다보관할 수도 없죠. 어떤 물건은 계속해서 아이를 떠올리게 하며 우리를 힘들게 만들기도 합니다.

"밀크가 죽기 전에 예약했던 간식과 사료 용품이 밀크가 떠난 뒤에 택배로 배달되어서 얼마나 울었는지 몰라. 뜯지 않은 물건들은 밀크 이름으로 동물보호단체에 기부했어."

반려동물 물건은 소중한 몇 개만 남기고 정리하는 것이 좋습니다. 물건을 너무 많이 간직하면 계속 눈에 띄어서 삶에 집중하는 걸 방해할 수 있기 때문이죠. 돌아가신 분의 유품을 정리하는 것과 비슷합니다.

언제 물건을 정리해야 하는지 묻는 분도 많은데, 특정한 시기가 딱 정해져 있는 건 아닙니다. 자신의 마음이 정리되고, 자연스레 정리하고 싶어질 때 정리하면 됩니다. 펫로스 후 이어지는 슬픔의 단계 중에서 '수용' 이후 심리적으로 안정을 되찾으면 그때 천천히 물건을 정리해도 괜찮습니다. "슬픈 생각이 자꾸 드니까 다 버려야겠다"라고 억지로 정리할 필요는 없습니다.

아직 쓸만한 물건들은 유기동물보호소나 동물단체에 기부하는 것도 좋습니다. 기부자에 아이의 이름을 적어서 보내는 거죠.

- 나무, 꽃 심기

반려동물의 이름을 붙여서 나무와 꽃을 심는 분도 있습니다.

살아있는 기념비를 만드는 것이죠. 직접 새로운 나무를 심지 않더라도 수목장을 통해 아이가 쉴 나무를 찾아줄 수도 있습니다. 그리고 아이의 생일이나 기일, 명절에 나무를 찾아 추억을 되새기는 겁니다.

- 펫로스 모임

펫로스 모임에 나가는 방법도 있습니다. 반려동물의 이별을 경험한 사람들이 모이기 때문에 서로 더 잘 이해해 주고 공감해 주는 분위기가 형성됩니다. 만약 전문가와 함께 진행하는 모임이라면 전문적인 상담과 도움까지 받을 수 있죠.

그런데 우리나라에는 펫로스 모임이 많지 않습니다. 앞에서 소개한 정신건강의학과 전문의와 수의사가 진행하는 치유 모임도 금방 없어지고 말았거든요. 반려동물과 헤어짐을 겪은 반려인은 물론, 이별을 앞둔 반려인들이 모여 경험과 마음을 나누는 모임이었는데, 사람들이 모이지 않아 없어지고 말았습니다. 물론 홍보 부족도 있겠지만, 반려동물을 잃은 슬픔을 드러내는 것이 다들 어색했던 것 같아요.

문제는 여전히 상황이 비슷하다는 점입니다. 지금도 반려인들은 슬픔을 나타내는 일에 익숙하지 않고, 혼자 감내하려고 합니다. 전문가와 함께하는 정기 모임은 거의 없고, 반려동물 커뮤니티를 중심으로 일부 반려인들이 모여서 이야기를 나누는 모임만 소수 운영되고 있습니다. 그런데 이런 모임은 참가자들의 성향이나 상황 차이로 문제가 생기기도 합니다.

예를 들어 자기 얘기만 하기를 좋아하는 한 사람 때문에 다른 참가자가 말할 기회를 놓칩니다. 사실 이런 분은 모임보다 1:1 상담이 더 추천되죠. 또한, 잘잘못을 판단하고 잘못을 고쳐주려는 참가자도 모임 진행을 방해합니다. "그건 해피 보호자님이 잘못한 거예요. 그때는 안락사를 시켰어야죠"라는 식의 말은 하나도 도움이 되지 않으며 이야기 자체를 꺼리게 만듭니다. 반대로 억지로 말을 시키는 것도 좋지 않습니다. 자연스러운 분위기 속에서 편하게 이야기할 수 있어야 합니다. 꼭 어떤 말을 해야 할 것만 같은 압박을 느끼게 해선 안 됩니다. 가만히 앉아서 다른 사람들의 이야기를 듣기만 해도 괜찮습니다. 비슷한 슬픔을 겪은 사람들의 경험을 듣는 것만으로도 충분히 위로를 받을 수 있거든요. '아, 저분도 나처럼 밥 먹는 게 힘들구나. 잠을 잘 못 이루는구나. 내가 미쳐가는 게 아니었구나'라고 말이죠.

반려동물과의 이별 이유가 서로 달라서 공감대가 형성되지 않기도 합니다. 상황 차이 때문에 생기는 일입니다. 사고로 하루아침에 반려동물을 잃은 분과, 오랫동안 질병으로 병간호를 하다가 반려동물을 떠나보낸 분은 서로의 이야기에 공감하지 못할 수 있죠. 즉, 무조건 모여서 이야기를 하는 게 능사가 아닙니다.

슬픔을 표현하고, 아픔을 서로 나누고, 위로를 주고받는 건 펫로스 후 회복 과정에서 큰 도움이 됩니다. 그래서 펫로스 증후군 모임은 필요하고, 또 중요합니다. 모든 참가자가 편하게 이야기를 나눌 수 있는 모임, 비슷한 참가자들이 모여 서로 공감을 주고받는 모임, 전문가의 입회 아래 전문적인 도움을 받을 수 있는 모임. 이런 괜찮은 펫로스 모임이 앞으로 우리나라에도 많아지면 좋겠습니다. 그러기 위해서 펫로스 후 아픔을 드러내는 것이 전혀 이상하지 않은 사회적 분위기가 먼저 마련되어야겠죠?

- 전문가 도움

〈펫로스와 정신건강(Pet loss and Mental Health)〉 논문(Stallones, 1994)에 따르면, 펫로스를 겪은 반려인에게 '전문적인 정신건강 상담'을 제공하는 게 매우 중요합니다. 생각보다 많은 사람이 펫로스 후 심각한 우울증을 겪는데, 이때 전문적이고 적극적인 도움이 없으면 극단적인 결과로 이어질 수 있기 때문입니다.

1장에서 소개한 것처럼 펫로스 증후군은 건강한 슬픔 과정과 다릅니다. 슬픔의 기간이 길어지고, 여러 가지 증상이 동시에 나타나기도 하죠. 따라서 펫로스 증후군을 겪고 있다면 전문가와의 1:1 상담이 도움이 됩니다.

미국의 전문상담사인 산드라 바커 박사는 "경험적으로 펫로스 후 아픔이 개선 없이 몇 주간 지속된다면, 전문가의 도움이 필요하다"고 말합니다. 또한 "자살 생각이 들거나, 일상생활을 하는데 크게 방해될 정도로 펫로스 증후군이 심한 경우에는 반드시 전문적인 도움이 필요하다"고 강조하죠.

하지만 아직까지 우리나라에서 펫로스로 전문가의 도움을 받는 분은 드뭅니다. 아마 '굳이 전문가 도움을 받을 필요가 있을까?', '이런 것 때문에 의원·상담센터까지 가야 하나?'라고 생각이 들어서겠지요. 마치 정신건강의학과를 찾는 것이 흉이 아님에도 "내가 정신병에 걸렸나 봐"라고 부끄러워하거나, 주변에서 "쟤 정신병원 다닌대"처럼 색안경을 끼고 바라보는 것과 비슷합니다.

그러나 전문적인 도움을 받는 것은 전혀 이상한 일이 아닙니다. 슬픔을 잘 이겨내기 위한 노력입니다. 오히려 전문적인 도움이 필요함에도 도움을 받지 않고 피해버렸다가 무의식 중에 남은 슬픔 때문에 몇 년 뒤에 증상이 악화되는 경우도 있습니다.

따라서 반려인도 전문가와의 상담을 부끄러워할 필요가 없고, 주변에서도 이상하게 볼 이유가 전혀 없습니다. 문제는 우리나라에 전문적인 상담을 제공하는 곳이 많지 않다는 점입니다.

펫로스 증후군 연구를 했던 미국의 임상심리사 린 플랜츤 (Lynn Planchon) 박사는 "반려인을 자주 만나는 사람뿐만 아니라, 정신과 의사, 임상심리사 등도 펫로스 증후군을 잘 이해하고 있어야 한다"고 주장했습니다. 반려동물을 잃은 사람들은 필연적으로 불안감과 분리불안을 겪을 수 있는데, 이때 이들을 도와야 할 존재가 펫로스 증후군을 잘 모르면, 실질적인 도움을 줄 수 없기 때문입니다.

린 플랜츠 박사는 의사, 임상심리사, 상담심리사 등 정신건강 전문가가 펫로스로 힘들어하는 반려인을 전문적으로 지원하는 역할을 해야 한다고 생각합니다. 여러분도 그렇게 생각하지 않으시나요?

전문가 상담을 부끄러워하지 않는 반려인들의 노력과 동시에, 전문가들도 펫로스 증후군에 더 관심을 갖고 이해하려는 노력이 필요합니다.

자신에게 슬픔을 허락하세요

진료 중에 '그동안 감정을 느끼는 일이 어려우셨던 것 같습니다'라는 말을 건네게 되는 환자들이 생각보다 많습니다. 이 말을 들은 사람들은 '그게 무슨 뜻이지?' 하는 의아한 눈빛을 보냅니다. 밥 안 먹으면 배고프듯, 감정을 느끼는 것도 그냥 당연하게 다들 똑같이 하는 일이라 생각하기 때문일 겁니다. 하지만 사람마다 세상을 이해하고 기억하는 능력이 다르듯, 마음 안에서 일어나는 감정을 느끼는 능력 또한 각자 다릅니다. 이 능력은 타고나기도 합니다만, 이를 어려워하는 사람들은 어떤 이유 때문이든 언젠가부터 감정(특히 불안이나 슬픔과 같은 부정적 감정)을 차단하거나 억눌러 왔던 경우가 많습니다. 감정은 일종의 '질량보존의 법칙'을 따르기 때문에, 억누른 감정들은 절대 사라지지 않고 마음속 어두운 곳에 고여 있다가 물웅덩이가 천천히 썩어가며 냄새를 풍기고 벌레를 만들 듯 우리 마음과 몸에 여러 가지 문제를 일으킵니다.

사실 고통스러운 감정을 정면으로 대면하기란 누구도 쉽지 않습니다. 아프면 손을 움츠리는 게 본능이듯, 괴로운 감정을 피하고 싶은 마음은 어느 정도 자연스러운 반응입니다. 하지만 우리나라 사람들은 슬픔이나 우울과 같은 어두운 감정을 타인에게 드러내는 것은 결례라고 여기고, 너무 슬퍼하는 건 뭔가 내 '정신력'(이 말을 좋아하는 사람들이 참 많습니다. 저는 아직도 이 단어가 무슨 뜻인지 모르겠습니다)이 약하다는 증거라고 생각하며 숨기려 합니다. 또한 감정을 드러내는 건 수치스러운 일이라는 문화적 압력이 남아있는 듯합니다. 이 때문에 우리는 어릴 적부터 눈물이 나오면 억지로 참고 슬픔이 느껴지면 '긍정적으로 생각'하고자 노력해왔고, 그러다보니 부정적인 감정을 느껴내는 마음의 능력을 키우지 못했습니다.

문제는 슬픔과 불안은 해결해야 하는 병리적 문제가 아니라, 건강한 감정의 일부라는 데 있습니다. 좋은 흑백 사진에는 밝은 부분(하이라이트)과 어두운 부분(암부)이 적당히 잘 섞여 있습니다. 사진이 너무 어두워지거나 환해지면, 세부가 어둠에 잠기거나 하얗게 날아가 버려서 사진이 무엇을 표현하려고 하는지 파악하기 어려워집니다. 저는 특히 암부의 미묘한 명암이 섬세하게 표현된 사진을 좋아하는데, 어둠 속에 빛이 스며들어 사물이 세상으로 태어나는 느낌은 흑백 사진의 가장 큰 매력 중 하나죠. 감정도 마찬가지입니다. 부정적 감정을 없애면 세상의 자연스러운 암부가 사라지고 어둡지 않을지는 몰라도, 세상의 윤곽이 새하얗게 날아가 텅 비어버릴 것입니다. 우리의 감정도 기쁨과 슬픔이 적절히 조화되어야 삶을 더 강렬하고 진실하게 느낄 수 있는 것입니다.

정신분석적 관점에서는 슬픔을 느끼는 능력을 우리가 발달시켜야 하는 중요한 심리적 능력으로 봅니다. 정신분석가 수잔 캐벌러 애들러(Susan Kavaler-Adler)는 《애도》라는 책에서 "우리는 다른 사람에 의해 상처받는 것을 아파하고, 경계가 무너지는 고통에 아파하는 능력을 받아들여야 한다"라고 말하면서 "심리적인 현실로 인한 고통에 항복하려면, 자기결정권의 감각을 갖기에 충분할 만치 분리되고 발달된 자기가 있어야 한다"라고 정리합니다. 즉 우리가 막연하게 생각하는 것과는 반대로, 자아가 튼튼하고 잘 발달해야만 슬픔을 느낄 수 있다는 것입니다. 어떤 면에서는 슬퍼할 수 있고 울 수 있다는 게 우리나라 사람들이 좋아하는 말로 사실 '정신력이 강하다'는 증거입니다. 실제로 볼비는 애착에 대한 책 《존 볼비의 안전기지》에서 고양이를 잃은 한 아이를 이렇게 묘사합니다. "그녀는 자신의 고양이가 죽었지만 아무 느낌도 없었다. 그녀는 '그게 나를 아프게 하도록 내버려 둔다면, 나는 모든 것에서 슬퍼질 거예요'라고 말했다." 이 아이는 슬픔을 감당할 힘을 갖추지 못했기에 슬픔을 허락하지 못하고, 느끼지 못했던 것입니다.
이렇게 슬퍼하는 만큼 우리는 마음의 깊은 균형을 찾을 수 있고,
그만큼 삶은 풍성하고 깊어집니다.

글로 감정을 내보이세요

저는 외래에서 많은 분들께 여러 가지 이유로 심리치료를 권합니다. 하지만 현대사회에서 일주일에 한두 번씩 한두 시간 이상을 자신을 위해, 눈에 잘 띄는 몸도 아니고 마음을 위해 할애한다는 것은 경제적 부담을 차치하더라도 누구에게도 쉽지 않습니다. 그래서 내 마음을 털어놓을 수 있는 사람이 주변에 있으면 마음속 생각들을 혼자 곱씹지 말고 많이 표현해 보시라고 권유합니다 (물론 수다가 심리치료를 대체할 수는 없습니다. 하지만 표현하지 않고 마음속에 품고만 있는 것보다는 훨씬 낫습니다). 만약 그조차 힘들다면(사실 가족이 되었든 친구가 되었든, 누군가에게 마음속 깊은 이야기를 털어놓는 것은 생각보다 쉽지 않습니다. 친하지 않은 사람에게 이야기하자니 상대가 당황하거나 오해할 것 같고, 친한 사람에게 하자니 상대가 상처받거나 나 때문에 힘들어할까 봐 걱정되지요) 일기나 편지를 써보시기를 권합니다.

그러면 흔히 돌아오는 이야기가 "하루에도 수십 번 수백 번 머릿속으로 생각하는데, 이걸 굳이 피곤하게 또 말과 문장으로 표현해야 하느냐"라는 것입니다. 또한 생각보다 많은 분들이 글쓰기가 어색하고 민망해서 마음은 먹었지만 막상 노트나 컴퓨터 앞에 앉으면 어쩔 줄 모르겠다고 하십니다. 하지만 여러 연구에 따르면 머릿속에서 흘러다니는 생각들을 마음으로 따라다니는 것과, 이를 명확한 문장으로 만들어 누군가에게 말하거나 글로 써보는 것은 뇌 차원에서 상당히 다른 반응을 일으킵니다. 캘리포니아 대학의 매튜 리버먼(Matthew D. Lieberman) 교수는 감정에 이름을 붙여주는 작업이 불안 및 공포와 연관된 편도체의 과활성을 막고, 전전두엽의 활성을 강화해서 실제로 고통스러운 감정을 완화한다는 뇌이미징 증거를 제시했습니다. 다른 연구에서는 글 쓰는 일 자체가 스트레스와 연관된 호르몬인 코티솔의 분비를 낮춘다는 것이 확인되었지요(그래서 신기하게도 일기를 쓰면 우울이나 불안이 줄어들 뿐 아니라 감기에도 덜 걸리며 심장병도 줄어든다고 합니다). 이는 사실 아주 오래전부터 섬세한 영혼들은 다 알고있던 진실입니다. 이미 지금으로부터 오백 년 전에 셰익스피어(William Shakespeare)는 《맥베스》에서 이렇게 썼습니다. "슬픔에게 말을 주세요. 말로 표현되지 않은 슬픔은 괴로워하는 가슴에게 찢어지라고 속삭인답니다."

　그래서 세상을 떠난 반려동물에 대한 감정과 복잡한 상념들을 일기에 한 문장 한 문장 적어보거나 편지로 쓰면, 마음속에 쌓인 복잡한 감정들을 정리하고 풀어내는 데 도움이 됩니다. 편지 쓰기는 단순히 글쓰기 자체가 주는 효과에 더해, 상실한 존재와의 연결을 마음속에서 유지하도록 해줍니다. 세상을 떠났다고 우리 마음속 그 존재가 순식간에 사라지지는 않으니까요. 이는 소위 '정신 승리'가 아니고, 현실을 부인하거나 회피하는 것도 아닙니다. 정신분석적 관점에서 보면 현실은 항상 외적 현실과 내적 현실이라는 두 가지 측면을 지닙니다. 그리고 우리에게는 팩트 자체가 아니라, 상황이 마음속에서 어떻게 해석되고 이해되고 느껴지는지에 대한 내적 현실이 더 중요합니다(예를 들어 이혼이 아이들에게 미치는 영향에 대한 많은 연구는 이혼이라는 사건 자체가 아니라, 이 사건을 아이들이 어떻게 해석하고 받아들였는지가 더 중요하다고 일관되게 이야기합니다). 이런 차원에서 세상을 떠난 반려동물에게 편지를 쓰는 일은 우리 마음의 내적 현실 속에 아직 생생하게 살아있는 그 존재와 연결을 유지하게 도와줍니다. 그리하여 아주 '현실적'으로 천천히 자연스럽게 상실을 처리하도록 이끕니다.

마음이 아프면
전문의의 도움을 받아도 됩니다

우리나라는 정신적으로 힘들어하는 사람이 정신건강의학과를 방문하는 비율이 유럽이나 미국, 일본 등에 비해 훨씬 낮습니다. 물론 우리나라 사람들이 다른 나라에 비해 정신적으로 더 건강하기 때문은 아닙니다(우리나라의 자살률은 여전히 OECD 국가 중 압도적으로 1위를 달리고 있습니다). 오래 고민하다가 병원에 왔다는 환자분들의 말씀을 들어보면, 정신건강의학과 방문을 힘들게 만드는 오해와 두려움이 여전히 널리 퍼져있는 것 같습니다.

우선 신체질환과 정신질환을 대하는 태도가 많이 다릅니다. 몸이 아프면 전문가의 도움을 받는 것을 당연하게 여기면서도, 마음이 아프면 나라는 존재 자체에 어떤 결함이 있는 것처럼 수치스러워합니다. 그러다보니 남에게 이야기하기 어렵고, 당연히 선뜻

병원을 찾는 것도 두렵게 느껴집니다. 하지만 우리 마음, 즉 '나'를 구성하는 정신 현상들은 하나의 단일한 실체가 아닙니다. 내 정신은 감각, 감정, 인지 영역의 다양한 기능들이 하루하루 삶 속에서 서로 뒤엉키며 작동하는 복잡한 혼합물입니다. 뇌기능에 대한 연구들을 보면 인간 정신 활동의 95% 정도는 무의식적으로 일어난다고 합니다. 그러므로 내 마음의 특정한 영역에 문제가 생겼다고 해서, 이를 소위 '의지로 컨트롤' 할 수 없다고 해서 나라는 존재에 문제가 있다고 말할 수는 없습니다. 담낭염이 심해 담낭적출수술을 받았다고 나에게 부끄러운 결함이 있는 것이 아니듯(제 이야기입니다. 고기 소화가 가끔 잘 안 될 때가 있지만 그 외에는 별다른 불편을 느끼지 않고 삽니다), 불안이 잘 조절되지 않아 정신과 치료를 받았다고 해서 정신 자체에 문제가 있다고 말할 수는 없습니다. 우리가 자신의 의지로 심장을 뛰게 하고 위장을 움직이게 하지 않듯, 기분을 조절하고 불안을 잠재우는 작용도 상당 부분 의지가 닿지 않는 영역에서 일어납니다. 그러므로 정신과 진료는 내 수치스러운 결함을 인정하는 것이 아니라, 복잡한 정신의 구성물 중 잠시 탈이 난 일부 요소를 치료하는 것일 뿐입니다.

정신과 진료를 통해 우리는 내 마음의 어떤 영역에 어떻게 균형이 깨져 있는지 파악할 수 있습니다. 또한, 표면적 감정이나 생각 밑에 도사리고 있는 깊은 불안과 무의식적 두려움들을 이해하기 위해 노력할 수 있습니다. 그리하여 '의지로 열심히 노력'하는 것을 넘어서는 회복의 다양한 방식도 같이 고민할 수 있습니다. 필요할 때는 뇌와 신체에 작용하여 마음의 변화를 일으키는 약물의 도움도 받을 수 있습니다.

'정신과 약물'은 사람들이 정신과 진료를 두려워하는 가장 중요한 이유일 것입니다. 정신과에서 쓰는 약물에 대한 수많은 편견과 불안들이 있습니다. '일단 정신과에 가면 무조건 약부터 먹으라고 한다더라'는 고정관념에서부터 시작해서 '약을 일단 먹기 시작하면 끊기 어렵다, 치매가 생긴다, 바보가 된다더라, 종일 졸려서 아무것도 못한다'와 같은 근거 없는 두려움과 오해 때문에 많은 분이 '약'이라는 단어를 듣는 순간 긴장합니다.

하지만 정신건강의학과 의사가 모든 문제에 약부터 처방하지는 않으며, 의사마다 스타일이 다르지만 간단한 상담을 통한 문제 해결부터 인지치료, 상담치료, 심층적인 정신분석 치료까지 다양한 비약물적인 치료 방법들을 함께 고민합니다. 물론 의존성이 있는 약물이 어쩔 수 없이 필요할 때도 있으나, 실제 내성이 생기기 전에 약물을 감량하여 대개는 별다른 문제 없이 약물을 중단할 수 있습니다. 영화나 드라마 속의 과장된 묘사와는 달리 현재 정신건강의학과 의사들은 일시적 진정 효과가 있는 '신경안정제'보다는 좀 더 근본적인 뇌 변화를 일으키는 치료 약제들을 가능한 소량으로 사용하고 있습니다.

깊은 우울을 앓았던 소설가 앤드류 솔로몬(Andrew Solomon)은 우울증에 대한 방대한 저작 《한낮의 우울》에서 "약이 당신의 삶을 흐릿하게 만들지 않나요?"라고 묻고 스스로 이렇게 답했습니다. "아니다. 항우울제는 내가 더 중요하고 더 훌륭한 순간에 더 그럴 듯한 이유로 고통받을 수 있도록 해준다." 그리고 "싸움의 일환으로 약을 복용하는 것은 격렬하게 싸우는 것이다. 약물치료를 거부하는 것은 현대적인 전투에 말을 타고 나서는 것처럼 어이없고 자기파괴적인 태도다"라고 덧붙였습니다.

정신건강의학과 의사들이 가끔 약을 고집하는 것처럼 보이는 이유는 솔로몬의 생각에 동의하는 상황이 많이 발생하기 때문입니다. 저는 목발에 비유해서 설명을 많이 합니다. 다리가 골절되면 깁스하고 목발을 짚는 것을 당연하게 권장합니다. 목발을 짚으면 뼈에 부담이 줄어 상처가 빨리 아물고, 걷기도 쉽고, 통증도 덜하지요. 하지만 누군가 목발을 짚는 행위는 내 자발성을 훼손하므로, 누가 뭐라든 목발을 짚지 않겠다고 선언한다면 어떨까요? 물론 이는 개인적 선택이라서 타인이 왈가왈부할 수 없는 문제이지만, 한편으로는 비합리적이고 자기파괴적인 행동인 것도 사실입니다. 정신과 진료 혹은 약물치료 역시 개인적 선택의 문제이고 그 선택은 실존적인 측면에서 충분히 존중해야 마땅합니다. 그러나 이로 인해 고통이 깊어지고 길어지도록 방치되는 상황이 자주 오기에 안타까울 때가 많습니다. 적절한 때 정신과의 도움을 받는 것은 삶의 현장으로 훨씬 더 빨리 되돌아오는 좋은 수단입니다.

다른 동물을 도우며,
떠난 반려동물 기리기

다른 동물의 삶을 도우며 마음을 정리하는 방법도 있습니다.

콩이를 떠나보낸 뒤 가족 간의 대화가 없어지고 웃음도 사라졌다는 영희 씨. 콩이가 없는 집에 들어가면 허전함이 크게 밀려와서 일부러 매일 야근을 했다고 합니다. 그러던 영희 씨는 몇 달 전 사설 유기견보호소에서 봉사를 시작했습니다. 콩이가 떠나고 나니 유기동물 문제가 눈에 더 잘 들어오기 시작한 것입니다.

반려동물을 떠나보낸 뒤에 느끼는 감정 중 하나는 '고마움'입니다. 편견 없이 헌신적으로 우리를 지켜주는 반려동물 덕분에 우리는 '온전한 사랑'이 무엇인지 배우게 됩니다. 그런 고마움에 대한 보답으로 펫로스 후 '도움이 필요한 동물들'에게 손길을 내미는 분들이 있습니다.

대표적인 것이 유기동물보호소 봉사활동입니다. 특별한 기술이 없어도 누구나 봉사를 할 수 있습니다. 의료봉사를 하는 수의사, 미용봉사를 하는 미용사가 아니어도 괜찮습니다. 청소를 하고, 견사를 고치고, 사료와 물을 갈아주고, 케이지 안에 패드를 교체해 주는 것도 중요한 활동입니다. 아이들과 산책하고 놀아주는 것도 유기동물에게 큰 도움이 되죠.

펫로스 후 다른 동물이 눈에 밟힌다면, 조심스럽게 봉사활동을 시작해 보세요. 할 줄 아는 게 없다고 걱정하지 않아도 됩니다.

유기동물을 돕는 방법은 또 있습니다. 보호소나 동물단체를 후원하는 방법입니다. 최근에는 "이 금액은 유기견을 위해 써주시고, 이 금액은 길고양이를 위해 써주세요"라고 후원금의 사용처를 지정할 수 있는 곳도 있습니다.

현금 후원이 아니라도, 필요한 물품을 기부할 수도 있습니다. 먼저 돕고 싶은 보호소에서 필요한 물품 리스트를 받아 옵니다. 그리고 집에 그 물품이 있는지 찾아보세요. 반려동물을 키우는 주변 친구들에게도 물품 리스트를 공유한 뒤 한 가지 이상의 물건을 가져오게 해서 모임을 할 수도 있습니다. 그 모임을 통해 떠난 반려동물을 추억하고, 그날 모은 물품을 반려동물 이름으로 보호소에 기부하는 겁니다. 펫로스 후 슬픔도 나누고 유기동물도 도울 수 있으니, 무지개다리 너머에 있는 반려동물도 기뻐하지 않을까요?

국제 반려동물 추모일
#NationalPetMemorialDay

　　떠난 반려동물을 기억하는 공식 기념일도 있습니다. 바로, 국제반려동물장묘협회(IAPC)가 후원하는 '국제 반려동물 추모일(National Pet Memorial Day)'입니다. 매년 9월 둘째 주 일요일입니다. 우리나라에서는 생소한 날이지만, 미국을 비롯해 호주, 영국, 캐나다 등 많은 나라에서 반려동물을 기억하는 다양한 프로그램이 열립니다.

　　기념일에는 동물 공공 장묘시설이 개방되고, 촛불 모임, 펫로스 모임 등이 개최됩니다. 일부 반려인들은 반려동물 이름을 붙인 나무나 꽃을 심고, 발자국이 새겨진 돌을 만들어서 마당을 꾸밉니다. 경찰견, 군견, 인명구조견 등 사람을 위해 힘쓰다가 목숨을 잃은 특수목적견을 기억하는 행사도 진행됩니다. 마치 현충일 같지 않은가요? 현충일도 영어로 Memorial Day니까, 이날도 '반려동물 현충일'로 볼 수 있습니다.

아직 우리나라에 이날을 기념하는 문화가 없더라도, 우리 스스로 떠난 반려동물을 추억할 수 있습니다. 매년 9월 둘째 주 일요일이 되면, 별이 된 반려동물 사진이나 영상을 SNS에 올리고 짧은 편지를 써보는 겁니다. 그리고 #NationalPetMemorialDay 해시태그를 다는 거죠. 그럼 전 세계 반려인들이 다 함께 위로와 공감을 해주지 않을까요?

우리나라에도 합법적인 동물장묘업체들이 모인 '한국동물장례협회'가 있습니다. 언젠가 동물장례협회 차원에서 '국제 반려동물 추모일'에 떠난 반려동물을 추억할 수 있는 기회를 제공해주면 좋을 것 같습니다.

남겨진 동물도 슬퍼한다

혹시 영화 〈베일리 어게인〉 보셨나요? 2010년 출간 이후 뉴욕 타임스 52주 연속 베스트셀러에 꼽히며 미국에서만 100만 부 이상 판매된 원작 소설을 토대로 만든 영화입니다. 전 세계에 '베일리 앓이' 열병을 일으킬 만큼 많은 분이 좋아하는 작품입니다.

영화에서는 총 4번의 환생을 거치며 다양한 '견생'을 경험하는 반려견 베일리가 나와 감동적인 이야기를 선사합니다. 환생할 때마다 '개의 삶의 목적'을 궁금해하던 베일리는 결국 마지막에 삶의 목적을 깨닫게 되죠. 동물을 좋아하는 분들에게 꼭 추천하고 싶은 영화랍니다.

영화 중간에 이런 장면이 나옵니다. 베일리가 3번 환생을 하고 웰시코기로 4번째 인생을 살아갈 때의 일입니다. 베일리는 록시라는 뉴펀들랜드와 단짝처럼 지내는데 어느 날 록시가 먼저 세상을 떠나자 베일리가 급속도로 활력을 잃고 늙어갑니다. 베일리와 록시를 오랫동안 돌봐왔던 보호자 마야가 빠르게 늙어가는 베일리를 보고 매우 안타까워하죠.

반려동물과의 이별 후 애도과정에서 하나 더 생각할 부분이 있습니다. 바로 남겨진 동물의 슬픔입니다. 어떤 사람은 "무슨 동물이 슬픔을 느끼냐?"고 묻지만, 동물도 다른 존재의 죽음에 슬퍼합니다. 이미 과학자들이 동물도 인간과 마찬가지로 자의식(consciousness)을 갖는다고 공개적으로 천명한 바 있습니다.

3명의 저명한 신경과학자들이 2012년에 발표한 '의식에 관한 케임브리지 선언'을 보면, 인간만 의식을 생성하는 신경학적 기질을 가진 것이 아니라 포유류와 조류는 물론 문어 등 연체동물도 이런 기질을 가지고 있습니다.

과학자들은 "동물도 다른 동물이 아프거나 슬플 때 같이 슬퍼하고 우울해할 수 있으며, 심지어 함께 살던 동물이 죽은 이후 슬픔 증상을 종종 보인다"고 설명했습니다. 동물도 서로를 아낀다는 겁니다. 흔히 '사랑'이라고 부르는 방식으로 말이죠.

반려동물이 '죽음'이라는 개념을 정확히 이해하는지는 모르겠습니다. 하지만 분명 사랑하는 존재를 잃은 상실감과 허전함을 느낍니다. 그리고 동물에게 '그 사랑했던 존재'는 사람일 수도 있고,

다른 동물일 수도 있습니다.

　　보호자가 죽은 뒤 남겨진 반려동물이 슬픔을 보였다는 이야기
는 너무나 많습니다.

　　숙종이 길렀던 고양이 금손이의 일화는 유명하죠? 숙종은 털
빛이 노란 금묘를 길렀는데 직접 '금손이'라는 이름까지 지어주고,
겸상하면서 고기반찬까지 줄 정도로 아꼈다고 합니다. 왕과 겸상
하는 고양이라니, 숙종이 얼마나 금손이를 사랑했는지 알 수 있
죠. 금손이도 숙종과 밥을 같이 먹고 잠도 같이 잘 만큼 숙종을 따
랐다고 합니다. 그런데 숙종이 죽고 나자 금손이의 행동이 바뀌었
습니다. 숙종의 죽음에 상심한 금손이는 그날부터 밥을 먹지 않았
고, 결국 숙종을 따라 생을 마감했습니다. 그리고 숙종의 묘인 명
릉 옆에 묻혔죠. 사람들은 금손이를 보고 "살아서도 숙종과 함께
했고, 죽어서도 여전히 숙종 곁을 지키는 고양이"라고 말합니다.

　　함께 살던 동물의 죽음 이후 슬픔 증상을 보인 반려동물 사례
도 많습니다. 인류학자 바바라 킹(Barbara J. King)이 직접 샴고양
이 윌리아와 칼슨의 이야기를 학회지에 소개한 적이 있습니다. 윌
리아와 칼슨은 태어나서부터 평생 함께 살아온 고양이 자매였습
니다. 둘은 잠도 매일 함께 잤죠. 둘이 14세이 되던 해, 안타깝게
도 칼슨이 병에 걸려 생을 마감하고 맙니다. 칼슨이 집에 계속 돌

아오지 않자, 며칠 뒤부터 윌리아의 행동이 변하기 시작했습니다. 윌리아는 평생 한 번도 들어본 적 없는 이상한 소리를 내며 울부짖었습니다. 그리고 칼슨과 자신이 좋아했던 곳을 계속 돌아다니는 행동을 보였습니다. 윌리아의 이런 행동은 무려 몇 달간 지속됐죠. 고양이는 흔히 사회적인 성향보다는 개인적인 성향이 강하다고 알려진 동물이지만, 윌리아가 칼슨의 죽음에 슬퍼했다는 데는 아무런 의심의 여지가 없습니다(물론, 실제로는 고양이도 사회적인 동물입니다).

바바라 킹 박사는 윌리아의 사례를 소개하며 "동물도 분명 다른 동물의 죽음에 슬퍼한다. 동물이 얼마나 슬퍼하는지 결정하는 건 동물의 종이나 품종이 아니라 동물 간 사랑의 깊이"라고 설명했습니다. 동물 간 사랑의 깊이가 깊을수록, 다른 동물을 떠나보낸 뒤 더 큰 상실을 경험할 수 있습니다.

1995년, 미국동물애호협회(ASPCA)에서 반려동물 애도 프로젝트를 진행하며 설문조사를 진행했습니다. 설문에 따르면 사람만 동물의 죽음으로 낙담하고 우울해하는 것이 아니었습니다.

집에서 함께 지내던 동물이 죽은 뒤 58%의 개, 고양이가 보호자에게 애정을 더 갈구했다고 합니다. 일부 개, 고양이는 보호자에게 붙어서 떨어지려고 하지 않았죠.

63%의 개는 평소와 다른 소리로 짖었으며, 70%의 고양이는

특이한 소리를 내며 울었습니다. 36%의 개와 46%의 고양이는 식욕부진을 겪으며 평소보다 적게 먹었습니다.

이런 증상은 짧게는 1개월에서 길게는 6개월까지 이어졌습니다. 상당수 개, 고양이가 함께 살던 반려동물이 죽고 난 뒤에 평균 4개월 정도 슬픔 증상을 보였습니다.

동물이 다른 동물의 죽음으로 슬퍼하는 예는 야생에서도 쉽게 찾아볼 수 있습니다. 바다사자는 새끼가 범고래에 잡아먹히면 울부짖으며 슬퍼합니다. 돌고래는 태어난 새끼가 죽어갈 때 새끼를 살리기 위해 고군분투하고 새끼가 죽으면 애도를 표합니다. 코끼리도 동료가 죽으면 슬픔을 표현하고, 나무나 풀로 몸을 덮어주려는 행동을 보입니다. 유명한 동물행동학 박사 제인 구달(Valerie Jane Goodall)도 플린트라는 어린 침팬지가 어미의 죽음으로 식음을 전폐하고, 어미를 따라 죽었다는 일화를 소개한 바 있죠. 이외에도 늑대, 라마, 까치도 가족이나 친구의 죽음을 애도한다는 사실이 밝혀졌습니다. 즉, 동물도 사람과 마찬가지로 '상실의 슬픔'을 느낄 수 있는 존재입니다.

슬픔은 인간의 전유물이 아닙니다. 그렇다면 우리는 남겨진 동물의 슬픔을 어떻게 도와야 할까요?

반려동물도 사랑하고
슬퍼할 수 있습니다

현대 과학의 최전선인 뇌과학은 오랫동안 인간의 인지능력을 연구해왔습니다. 인간이 어떻게 다른 동물들보다 월등한 이해력과 판단력, 언어적 능력과 성찰 능력을 지니게 되었는지 인간만의 고유한 특성에 대해 연구하는 것이 항상 초점이었지요. 하지만 항상 이성보다 열등하고 인간 존재에게 부수적인 특질이라고 생각해왔던(데카르트(René Descartes)가 그 대표자였지요) 감정이 인간 생존뿐 아니라 사회적 상호작용 및 이성적 사고 능력에 아주 중요한 역할을 한다는 것이 밝혀지면서, 새삼 감정 및 정서에 대한 연구가 활발해지고 있습니다. 이제 사람들은 뇌과학 연구의 흐름 자체가 인지신경과학(cognitive neuroscience)에서 정서신경과학(affective neuroscience)으로 넘어가고 있다고 말하기도 합니다.

정서신경과학을 이끄는 과학자 자크 판크세프(Jaak Panksepp)는 "모든 포유류의 뇌는 생존을 위한 원시적 도구인 다양한 감정 장치를 지니고 태어난다"고 말합니다. 그는 인간과 개, 고양이, 소와 말 등 모든 포유류가 기본적으로 공통된 감정 체계를 공유한다는 다양한 증거들을 제시합니다. 즉, 인간과 다른 동물들은 세상을 경험하고 느끼는 데 있어서 우리가 생각해왔던 것보다 비슷한 점이 훨씬 더 많다는 것입니다.

예를 들어 그가 말하는 '보살핌/양육 체계'는 새끼를 헌신적으로 보살피는 행동을 관장합니다. '공황/고통 체계'는 포유류 새끼들이 엄마가 사라질 때 느끼는 극심한 불안 및 공포와 연관되어 있으며, '보살핌/양육 체계'와 상호작용하면서 중요한 존재의 상실에서 느끼는 우울과 슬픔의 감정을 중재합니다.

이러한 정서신경과학의 발견들은 여러 가지 함의가 있습니다. 우선 뇌과학적 측면에서 상실의 슬픔과 고통은 병리적 반응이 아니라 우리 뇌 감정 시스템의 정상 작동 양식임을 배울 수 있습니다. 판크세프에 따르면 불안과 공황이 발생함으로써 새끼는 엄마를 찾는 행동을 시작하고 이를 통해 스스로 보호하는 행동을 촉진하게 됩니다. 또한, 몇 가지 호르몬이 상호작용하면서 상실의 고통을 일으키는데, 이 호르몬이 존재하지 않는다면 깊은 애착과 사랑 역시 불가능할 것입니다. 시인들이 오래전부터 이야기한 것처럼, 사랑과 고통은 한 몸인 셈입니다. 또 우리 인간만의 고유한 특성이라고 생각했던 누군가를 사랑하고 좋아하는 능력, 상실에 대해 불안해하고 아파하는 능력도 모든 포유동물이 타고나는 능력이라는 것을 알게 되었습니다. 반려동물들은 경험하는 방식과 표현하는 방식이 다를지는 몰라도 근본적으로는 우리처럼 좋아하고 사랑하고 불안해하고 두려워하고 아파합니다.

하지만 사실 반려동물을 키워본 사람은 누구도 감히 반려동물에게 감정이 없다고, 사랑하고 슬퍼하는 능력이 없다고 말하지 못할 것입니다. 반려동물과 함께해온 인류 문명의 수천 년 동안, 반려인 모두가 직관적으로 알아왔던 것을 과학이 뒤늦게 증명하고 있을 뿐입니다.

남겨진 동물의 슬픔을 돕는 법

"집 안 구석구석 냄새를 맡으며 너를 찾는데, 그 모습을 보니까 눈물만 나왔어."

펫로스가 남겨진 다른 반려동물에게도 영향을 준다는 건 놀랄 일이 아닙니다. 그런데, "남은 동물은 멀쩡했어요", "걔들은 별로 안 슬픈가 봐요", "초코는 해피가 죽은 걸 잘 모르는 것 같아요"라고 말하는 분들도 많습니다. 남겨진 동물이 실제로 별 영향을 안 받고, 평상시와 똑같이 행동하는 경우도 있는 것이죠.

그런데, 이런 반려동물도 우리가 슬퍼하면 우리를 따라서 슬퍼하고 실의에 빠질 수 있습니다. 반려동물은 반려인의 감정 상태에 민감하게 반응하기 때문입니다. 즉, 우리의 감정 상태가 남겨진 반려동물에게 영향을 주는 것이죠. 특히 반려견은 더더욱 그렇습니다. 개는 타고난 사회적 동물이라서 우리의 감정 변화에 당황하며 힘들어합니다. 변화된 분위기에 적응하는 데 어려움을 느끼는 겁니다.

반대로 남겨진 반려동물의 행동으로 인해 우리가 영향을 받는 경우도 있습니다. 《The Heart That Is Loved Never Forgets: Recovering from Loss: When Humans and Animals Lose Their Companions》의 저자 캐서린 워커(Kaetheryn Walker)는 "남겨진 반려동물의 행동 변화가 우리에게 다시 한번 그리움과 슬픔을 상기시킬 수 있다"고 말했습니다.

즉, 남겨진 동물과 반려인은 서로가 서로에게 영향을 미치고, 그 과정에서 서로의 슬픔을 강화할 수 있습니다. 따라서 남은 반려동물의 슬픔을 돕기 위한 노력이 필요합니다. 반려견, 반려묘가 다른 동물의 죽음을 겪고 슬퍼할 때 보이는 대표적인 증상은 아래와 같습니다.

- 식욕 변화 또는 식욕부진
- 하울링(개), 아기 울음소리(고양이)
- 수면주기 변화(새벽에 깨거나 잠을 자는 시간이 줄어듦)
- 가족을 피하고 구석에 웅크려 숨기
- 친구를 찾기 위해 집 안 곳곳을 돌아다님

- 성격의 변화(사람을 피하거나, 고양이의 경우 갑자기 반려인에게 애교를 부림)
- 활력 감소 및 낙담한 듯한 행동
- 그루밍을 안 하거나 과도하게 함(고양이)
- 공격성
- 분리불안

남겨진 반려동물이 이런 행동을 보이면 우리는 어떻게 해야 할까요? 전문가들은 '무조건 어르고 달래는 것'은 좋지 않다고 말합니다. 예를 들어, 남겨진 반려견이 하울링을 할 때마다 달래주면 그 행동이 점점 심해질 수 있습니다. 반려인 입장에서는 남겨진 반려견이 안쓰러워서 한 행동이지만, 반려동물에게는 도움이 안 됩니다. 마치 반려견이 짖을 때 짖지 말라고 얼른 안아줘 버리면, 점점 더 많이 짖게 되는 것처럼 말입니다.

오히려, 남겨진 반려동물이 혼자 조용히 쉴 때 다가가서 관심을 주는 것을 추천합니다. 반려동물이 가만히 있을 때 다정하게 쓰다듬어주면서 괜찮다고 얘기해 주는 것이죠. 남은 반려동물과 시간을 보내며 나도 위로를 받을 수 있습니다.

아래와 같은 행동들도 도움이 됩니다.

- 긍정적으로 생활하기: 반려동물을 잃은 슬픔에 힘이 들겠지

만, 긍정적으로 행동하도록 노력해 보세요. 그렇지 않으면, 남은 반려동물이 우리의 슬픈 감정을 느끼고 더 힘들어할 수도 있습니다. 최대한 긍정적으로 생각하면서, 남은 반려동물과 밝은 목소리로 대화해 볼까요?

• 좋아하는 것 자주 해주기: 남겨진 반려동물이 좋아하는 걸 더 자주 해주세요. 산책을 좋아한다면 더 자주 산책하고, 수영을 좋아하면 더 자주 수영을 시키고, 애견카페에 가는 걸 좋아한다면 애견카페에 더 자주 데려가고, 반려견 놀이터에서 뛰어노는 걸 좋아한다면 반려견 놀이터에 더 자주 데려가는 겁니다. 남겨진 반려동물이 좋아하는 걸 더 자주 해주면 동물도 기분 전환이 되고, 동물이 즐거워하는 모습을 보면서 우리의 슬픔도 줄어들 수 있습니다.

• 새로운 것 가르쳐 보기: 반려동물에게 새로운 놀이를 가르치거나 새로운 장난감을 제공하는 방법도 있습니다. 한 번도 보지 못한 장난감을 줘서 관심과 흥미를 유도하는 것이죠. 특히, 반려견은 뭔가에 집중하면 슬픔을 잊고 사회적인 동물로서 자신감을 회복하는 경우가 많습니다.

마지막으로 강조하고 싶은 내용이 있습니다. 만약 남겨진 반려동물이 '분리불안'을 보인다면 이때는 꼭 수의사의 도움을 받길 바랍니다. 어떤 분리불안의 경우에는 약물이나 보조제가 큰 도움이 되기도 합니다.

반려동물과의 이별은 온 가족에게 힘든 시간입니다. 사람과 더불어 네발 달린 가족에게도 말이죠. 남겨진 반려동물과 반려인이 서로의 슬픔을 강화할 수 있는 것처럼, 반대로 함께 슬픔을 나누면서 펫로스 후 아픔을 더 잘 극복할 수도 있다는 점을 기억합시다.

"그래서 우리는
더 좋은 부모가 될 수 있잖아요"

"과거의 실수와 후회를 통해 더 좋은 부모가 될 수 있잖아."

줄리 첸(Julie Chen)이라는 대만 수의사가 저와 펫로스에 대해 이야기를 나눌 때 한 말입니다. 줄리는 세 마리의 반려견을 돌보다가 얼마 전 한 마리를 먼저 떠나보냈습니다. 당연히 슬프고 힘들었죠. 하지만 남은 두 마리의 반려견이 큰 힘이 되어주었다고 합니다. 또한, 첫 번째 반려견을 떠나보낼 때 들었던 후회와 잘못들을 통해 남은 두 마리 반려견에게 더 좋은 부모가 될 수 있었다고 말했습니다.

흔히 사랑의 아픔은 새로운 사랑으로 잊을 수 있다고 합니다. 그래서 반려동물과의 이별로 슬퍼하는 반려인에게 "새로운 동물을 키워봐"라고 쉽게 말하는 분들이 많습니다. 전문가들도 새로운 반려동물 입양을 권하기도 합니다. 하지만 이런 얘기를 들을 때면 '먼저 떠난 아이에 대한 배신이 아닐까' 혹은 '보내는 게 너무 힘든데 또 다가올 이별을 견딜 수 있을까'라는 걱정이 앞섭니다.

정말 새로운 반려동물 입양이 도움이 될까요? 만약 그렇다면 언제 어떤 방법으로 입양하는 게 좋을까요? 팟캐스트 〈뇌부자들〉의 멤버이자 《어쩌다 정신과 의사》의 저자인 김지용 씨와 펫로스에 대해 이야기한 적이 있습니다. 평생 함께한 반려견 토토를 잃고 매우 힘들어했던 경험을 가진 분이었죠. 대학 졸업 사진도 토토와 함께 찍을 정도로 토토를 매우 아꼈던 그는 토토를 잃고 5년 동안 매우 힘들었다고 합니다.

그는 "반려동물을 입양하면 펫로스 증후군을 겪는 환자들의 상태가 확연히 좋아진다"고 말했습니다. 같은 약물을 복용해도 반려동물을 키우기 시작하면 처음 1~2달 동안 확실히 상태가 좋아진다는 것이죠. 그래서 그는 반려동물 입양을 고민하는 환자가 있다면 조심스럽게 입양을 권유한다고 합니다.

첫 번째 반려견을 보내고 극심한 펫로스 증후군을 겪었다가 둘째를 입양하고 회복할 수 있었다는 은영 씨. 은영 씨는 펫로스 증후군으로 힘들어하는 분들에게 둘째 입양을 적극적으로 추천합니다.

은영 씨 역시 둘째 입양을 하기 전에 '얘가 떠나면 나는 또 엄청나게 힘들텐데…'라고 걱정했습니다. 하지만 지금은 출근 전에 둘째를 잠깐 안아주고 둘째와 잠시 놀아주는 것만으로도 하루를 살아가는 힘을 얻을 수 있다고 합니다. 은영 씨는 "하늘에 있는 첫째도 제가 둘째와 행복한 모습을 바라고 있을 거예요. 반려동물이 떠난 뒤 힘들 것이라는 걱정보다는, 함께 할 때의 행복함을 더 생각해보세요"라고 말했습니다.

이처럼 새로운 반려동물 입양은 반려인에게 도움을 줄 수 있습니다. 심지어 남겨진 반려동물에게도 도움이 됩니다.

밍크는 그의 엄마인 제니가 죽었을 때 특이한 행동을 보였다. 제니의 사체를 보고 킁킁 냄새를 맡더니 어쩔 줄 모르는 것처럼 보였다. 제니를 묻어주기 위해 제니 사체를 옮길 때는 거의 정신이 나간 것처럼 행동했다. 밍크는 그날 미친 듯이 마당을 뛰어다니더니 결국 지쳐서 쓰러지고 말았다. 제니를 묻어준 뒤에도 밍크의 이상 행동은 계속됐다. 밍크는 잠시도 사람에게서 떨어지려고 하지 않았다. 특히 제니가 죽고 난 뒤 2~3일 동안 증상이 심했는데, 이때 밍크는 음식도 먹지 않고, 그저 누워만 있었다. 아무것에도 관심을 보이지 않았다. 증상은 3주까지 계속됐다. 내가 밍크의 회복에 도움이 될 것이라는 기대로 새로운 반려동물을 입양할 때까지 말이다. 밍크를 걱정하며 래브라도 리트리버 매기를 입양했는데, 밍크는 매기가 집에 온 첫날부터 슬픔을 훌훌 털어냈다. 둘은 밍크가 몇 년 후 소풍을 떠날 때까지 항상 붙어 다니면서 절친으로 지냈다.

미국의 유명 텔레비전 쇼호스트였던 조지 페이지(George Page)가 그의 첫 번째 책에서 소개한 일화입니다. 앞서 펫로스 후 남겨진 동물도 슬퍼할 수 있다고 설명했는데, 밍크가 바로 그런 사례였습니다. 그런데 밍크는 매기를 통해 어미를 잃은 슬픔을 이겨냈습니다.

결국, 펫로스 후 새로운 반려동물을 입양하는 건 반려인은 물론, 남겨진 반려동물에게도 도움이 될 수 있습니다. 단, 상황과 입양 시기를 잘 고려해야 합니다. 입양을 서둘러 결정하지 말고, 충분한 시간을 두고 가족 구성원 전체가 함께 고민해서 결정해야 하죠.

단순히 '지금 내 슬픔을 극복하기 위한 솔루션'으로 다른 동물을 선택하면 안 됩니다. 펫로스 후 건강하게 슬픔을 극복해야 하는데, 다른 동물을 데려오는 것으로 슬픔을 회피하고 묻어두면 몇 년 후에 더 큰 슬픔이 생길 수 있습니다. 따라서 떠난 반려동물을 충분히 애도한 뒤에 둘째 입양을 고려하길 바랍니다. 떠난 반려동물을 생각해도 더 이상 고통스럽지 않을 때 말이죠.

흔히 반려동물을 입양하기 전에 모든 가족의 동의를 받으라고 하죠? 펫로스 후 둘째를 입양할 때는 가족의 동의가 더 중요합니다. 나는 어느 정도 슬픈 감정을 정리하고 둘째를 받아들일 준비가 됐는데, 다른 가족은 아직 슬픔을 극복하지 못했을 수도 있거든요.

또한, 끝까지 책임질 수 있을 때 입양해야 합니다. 당연한 얘기지만, 슬픔을 이겨내야겠다는 생각만으로 새로운 반려동물을 입양하면, 떠나보낸 아픔이 해소되고 난 뒤 둘째에 대한 의미가 사라져 버릴 수 있습니다. 새로운 생명을 마지막까지 책임질 수 있을 거라는 확신이 들 때 입양을 고려해 보길 바랍니다. 신중하게 입양해야 우리도 진정한 행복을 느낄 수 있지 않을까요?

한 생명은 무엇으로도
대체할 수 없습니다

상실을 불편해하고 애도를 어려워하는 우리는 이로부터 여러 가지 방법으로 도망칩니다. 요즘 우리가 가장 흔하게 쓰는 방법은 소위 '쿨한 척'하는 것입니다. "흥, 뭐 이만 일 가지고 그래? 난 쿨하다고!" 외치며 마음속 고통에 커튼을 치고 이를 성숙한 미덕인 것처럼 포장합니다. 그리고 상실의 고통을 집착으로 폄하합니다. 하지만 쿨함은 능력이라기보다는 무능에 속합니다. 쿨함이라는 가치가 매력적으로 통용된다는 것 자체가, 우리 사회가 감정을 다루는 방식이 근본적으로 허약하다는 것을 보여줍니다.

다음으로 흔한 도피 방법은 상실한 존재를 다른 존재로 대체하는 것입니다. 첫사랑 때문에 힘들었던 경험이 있을 것입니다. 이루지 못한 사랑에, 혹은 떠나버린 사랑에 가슴 아파하고 있으면 주변 사람들이 "세상에 많고 많은 게 여자(남자)인데, 뭐 그리 속을 썩이니? 다른 사람 만나봐. 그 사람보다 훨씬 더 좋은 사람 세상에 많다고!" 같은 위로를 툭툭 건넵니다. 그 말을 듣고 진심으로 "아, 내가 왜 그걸 몰랐지! 이제 아무렇지도 않아!"하고 깨달음을 얻는 사람이 세상에 단 한 명이라도 있을까요? 주변 사람의 말이 틀린 말은 아닌 것처럼 느껴져서 '그래, 그만 생각하자. 그만 아파하자'라고 다짐해볼 수는 있겠지만(스무 살 때 제가 그랬습니다), 생각과는 달리 우리 마음은 세상 유일한 그 존재에게 끝없이 되돌아갑니다.

당연하게도 우리 마음에 '같은' 존재란, 대체할 수 있는 존재란 없기 때문입니다. 게다가 내 깊은 마음을 내어준, 깊은 애착이 생겨난 존재는 중요한 타인이라는 차원을 넘어 내 마음의 일부가 됩니다. 따라서 상실한 존재를 다른 존재로 대체할 수 있다는 말은, 어떤 의미에서 내가 다른 사람으로 바뀌어도 상관없다는 말이 되어버립니다.

하지만 많은 분이, 특히 아이를 키우는 가정에서 부모님들은 반려동물이 세상을 떠나면 다른 반려동물을 금방 입양하고 싶다는 충동을 느낍니다. 실제로 집 안이 너무 조용하고 허전한 이유도 있겠지만, 부모님들은 아이가 상실을 경험하는 것이 두렵고, 이에 어떻게 대처해야 할지 몰라서 손쉬운 '마술적인'("짠, 사실 여기 있었지!") 대안에 유혹을 느낍니다. 아이 핑계로 자신의 회피를 합리화하는 어른도 많습니다.

하지만 지나치게 이른 입양은 아이가 상실에 적응하고 애도하는 과정을 온몸으로 통과하는 시간을 빼앗습니다. 건강하게 슬퍼하는 법을 배울 수 있는 좋은 기회를 부모가 허락하지 않는 셈이 되어버립니다. 이러한 행동을 보면서 아이들은 '슬픔은 두려운 것'이구나 여기게 되고, 청소년기를 지나 성인이 된 후에도 어릴 때 학습한 대로 슬픔이 솟아오르면 도망치는 길부터 찾을 지도 모릅니다.

지나치게 빠른 입양은 우리가 아무리 한 존재를 깊이 사랑하더라도 언제든지 다른 것으로 쉽게 대체될 수 있다는 오해를 심어줄 수 있습니다. 아이는 상실한 존재에 대한 감정과 새로운 존재에게 느끼는 감정 사이에서 혼란을 느끼는데, 그 밑에서 더 깊은 근원적 두려움이 스멀스멀 피어오르게 됩니다. 즉, 명확한 언어적 형태로는 아니겠지만 막연하게 '나 역시 언제든 대체될 수 있는 존재인가?'라는 질문을 던지게 될 수 있는 것입니다. 그러다보면 언젠가 표현하고 처리하는 순간이 올 때까지(어떤 때는 평생 남기도 합니다) 한 존재의 의미 자체를 위협하는 불안을 쉽사리 가라앉히지 못할 수도 있습니다.

아이 대부분은 어른들이 방해하지 않으면 자신만의 리듬과 속도로 상실을 처리합니다. 그러다보니 실제 아이가 겪는 고통보다 부모가 상상하는 고통이 더 클 때가 많습니다. 많은 경우 부모가 자신의 마음속 불편함을 아이에게 투사하여 '아이도 나처럼 괴로울 거야'라고 추측하곤 합니다. 그래서 초조한 마음에 성급한 판단을 내리게 되지요. 그러니 충분히 기다려주세요. 아이가 슬픔과 상실을 통과해가는 동안 아이 곁에 있어주세요. 반려동물을 다시 입양할 때는 먼저 아이에게 반려동물을 애도하는 것과 새로 온 반려동물을 사랑하는 것은 별개의 일이라고 말해주시고 충분한 시간을 기다려주세요. 그러면 아이는 자연스럽게 모든 존재에게 고유한 의미가 있다는 것과 내 마음속에 언제든 새로운 사랑을 시작할 힘이 있다는 것을 배워갈 수 있을 것입니다.

"저는 두 번째 코코가 아니에요"

　　15년간 함께한 요크셔테리어 코코를 떠나보낸 지형 씨와 가족. 슬픔이 사라질 때쯤 두 번째 반려견 입양을 결정합니다. 지형 씨를 포함한 모든 가족 구성원이 동의했죠.

　　지형 씨는 보호소에서 믹스견을 입양하자고 말합니다. '유기견 중에서도 품종견은 잘 입양되는데, 믹스견은 인기가 없어서 대부분 보호소에서 생을 마감한다'는 뉴스를 봤기 때문이죠. 다른 가족들은 모두 찬성했으나, 어머니가 반대했습니다. 지형 씨 어머니는 곧 죽어도 요크셔테리어를 키워야 한다고 말했습니다. 그것도 코코와 똑 닮은 아이로요. 어머니의 고집(?)을 꺾을 수 없었던 지형 씨는 결국 전국을 뒤져 코코와 꼭 닮은 요크셔테리어를 찾아냈고, 어머니는 만족(?)해하며 입양에 동의했습니다. 그리고는 말합니다. "아이고 우리 코코랑 똑 닮았네. 앞으로 네 이름은 코코야."

떠난 첫째 아이를 잊지 못해서, 똑같은 품종에 비슷한 외모를 가진 아이를 찾아 입양하는 분들이 종종 있습니다. 마치 '대체품'을 찾는 것처럼요. 하지만 이처럼 떠난 아이와 똑같은 품종을 골라 똑같은 이름을 붙여주면, 되려 실망이 커질 수 있습니다. 생김새는 비슷해도 행동은 다를 수밖에 없습니다. 떠난 반려동물과 당연히 똑같이 행동할 거라고 기대했던 만큼, 실망감도 커지게 되겠죠. "예전 코코는 안 그랬는데, 너는 왜 그러냐"라며 둘째에게 아쉬움을 표하게 되고, 오히려 떠난 반려동물이 더 생각나면서 아픔이 더 커질 수도 있습니다. 심한 경우 둘째를 파양하기도 합니다.

결국, 먼저 떠나보낸 동물에 대한 그리움 때문에 대체품을 찾아 둘째를 입양하는 건 보호자의 욕심일 뿐입니다. 반려동물은 그 자체로 소중한 생명입니다. 새로운 반려동물을 입양한 뒤에 "예전 코코는 안 그랬는데, 넌 왜 그러냐"며 미워하는 일은 절대로 없어야 합니다. 펫로스 후 둘째 입양을 고민 중이라면, 내가 혹시 두 번째 코코를 기대하고 있지는 않은지 꼭 생각해보길 바랍니다. 대체품을 찾듯 둘째를 입양하는 건 그 동물에 대한 예의가 아닙니다. 따라서, 첫째가 열 살이 넘어 노령동물이 되어가고 있다면, 미리 둘째를 입양하는 것도 좋은 방법이 될 수 있습니다.

둘째로 유기동물 입양, 어떠세요?

135,791마리. 1년 동안 우리나라에서 버려진 동물의 숫자입니다.

유기동물 문제의 심각성은 대부분 어렴풋이 알고 있습니다. 그런데 '13만 6천'이라는 숫자를 들으면 충격에 빠집니다. 매일 동물을 버리는 사람이 370명이 넘는다는 데에 놀라지 않을 수 없는 거죠.

그런데 실제 유기된 동물의 수는 연간 13만 6천 마리보다 훨씬 많습니다. '13만 6천'은 지자체 동물보호센터에 입소된 아이들만 센 숫자거든요. 유기동물보호소는 정부(지자체)가 운영하는 지자체 동물보호센터(공공 유기동물보호소)가 있고, 개인이 운영하는 사설보호소(사설 유기동물보호소)가 있습니다. 사설보호소는 정식 보호센터는 아니고, 개인이 버려진 동물을 한두 마리 보호하다가 그 규모가 커진 곳입니다. 매년 사설보호소에 입소하는 동물도 꽤 많습니다. 여기에 동물보호단체가 구조하는 동물도 있죠. 결국, 사설보호소 입소 개체와 동물단체 구조 동물, 길거리에 떠돌아다니는 동물까지 고려하면 1년에 버려지는 동물 숫자는 13만 6천보다 훨씬 커집니다.

이렇게 버려진 동물은 어떻게 될까요? 버려진 유기동물 중에서 새로운 가족을 만나는 경우는 30%가 채 되지 않습니다(26.4%). 반면, 보호소 내에서 자연사(24.8%), 안락사(21.8%)되는 개체는 절반 가까이 됩니다. 유기동물 절반이 보호소 내에서 생을 마감하고 맙니다.

유기동물이 점점 늘어나면서 투입되는 세금도 빠르게 증가하고 있습니다. 지자체 동물보호센터 운영비는 2016년 114억 7천 7백만 원에서 2019년 232억 원으로 3년 만에 2배 이상 증가했습니다. 이 정도면 유기동물 문제를 하나의 사회문제로 봐야 하지 않을까요. 하지만 안타깝게도 여전히 유기동물 입양보다 펫숍에서 동물을 사는 경우가 훨씬 많습니다. 반려동물 입양 경로 자료를 보면, 지인에게서 무료로 받은 경우가 절반 이상(50.2%)으로 가장 많았고, 펫숍에서 구입(31.3%)이 2위, 지인에게서 유료로 받은 경우(10.8%)가 3위를 차지했습니다. 유기동물 입양은 단 5.5%뿐이었죠.

유기동물 문제를 근본적으로 해결하기 위해서는 동물을 쉽게 사고파는 문화가 바뀌어야 합니다. 법과 제도도 정비해야겠죠.

시간이 오래 걸리는 일입니다. 제도가 바뀌기 전에 지금 우리가 할 수 있는 일은 '동물을 사지 않고, 입양하는 것' 아닐까요? 펫로스 후 새로운 반려동물 입양을 고려한다면, 유기동물 입양을 고민해보길 바랍니다. 새로운 반려동물이 주는 행복도 느낄 수 있고, 사회문제를 해결하는 데도 일조할 수 있으니까요. 유기동물을 입양하는 방법은 크게 3가지가 있습니다.

① 지자체 동물보호센터에서 입양

지자체에서 운영하는 유기동물보호소(동물보호센터)에서 유기동물을 입양할 수 있습니다. 법적으로 동물보호센터에서 유기동물을 공고하는 기간은 단 10일입니다. 이 기간에 원래 보호자가 나타나지 않으면 유기동물 소유권이 지자체로 넘어가고, 이때부터 새로운 보호자를 찾게 됩니다.

일정 기간 새로운 입양자가 나타나지 않으면 유기동물은 안락사됩니다. 따라서 유기동물 입양을 결정했다면, 빨리 동물보호센터에 연락하는 게 좋습니다. 지자체 동물보호센터 유기동물 공고와 입양 방법은 동물보호관리시스템 홈페이지(www.animal.go.kr)와 '포인핸드' 애플리케이션에서 확인할 수 있습니다. 최근에는 지자체가 운영하는 입양센터도 많아졌습니다. 센터에 방문해서 직접 아이들을 보고, 사전 입양 교육을 받은 뒤 입양할 수도 있답니다(서울동물복지지원센터, 강동구 리본센터, 서초동물사랑센터, 경기도 반려동물 입양센터, 부산 반려동물복지문화센터 등).

② 동물보호단체에서 입양

동물보호단체에서 유기동물을 입양하는 방법도 있습니다. 지자체 동물보호센터와 달리 동물단체는 자신들이 구조한 동물들을 보호하고 관리 및 교육한 뒤 입양 공고를 냅니다. 동물별로 자세한 사연을 알 수 있고, 유기동물 공고 기간이 지난 뒤에도 안락사하지 않습니다.

개별 동물단체 홈페이지와 온라인 카페에서 입양 절차를 자세하게 확인할 수 있습니다. 단, 몇 년 전 발생한 'C 단체 사태'처럼 불쌍한 동물을 돈벌이 수단으로 이용하는 단체도 있으니 동물단체를 선택할 때도 주의가 필요합니다.

③ 사설보호소에서 입양

마지막으로 사설 유기동물보호소에서 입양하는 방법이 있습니다. 사설보호소는 지자체와 달리 개인이 버려진 동물을 데려다가 보호하는 시설이기 때문에, 일정 기간이 지나도 안락사를 하지 않는 경우가 대부분입니다. 그래서 개체 관리를 잘하는 곳도 있지만, 반대로 관리가 제대로 되지 않는 곳도 많습니다.

25년간 운영되면서 각종 비리와 동물학대 사건으로 논란이 일었던 국내 최대 규모의 사설 유기동물보호소 '애린원'을 기억하시나요? 수많은 문제를 안고 있던 애린원은 결국 법원의 명령에 따라 강제 철거됐습니다. 저도 수의대학생 시절부터 수의사가 된 이후까지 애린원에 30번 이상 봉사활동을 다녔는데요, 유기견 사체와 쥐 사체가 곳곳에 방치되어 있을 정도로 관리 상태가 엉망이었습니다. 이처럼 사설보호소는 동물의 관리 상태와 입양 절차도 제각각이므로 사전에 철저히 확인해보길 바랍니다.

일반적으로 유기동물을 입양할 때는 사전에 먼저 보호시설에 연락한 뒤, 직접 방문해 입양신청서와 입양계약서를 작성하게 됩니다. 입양 전 교육 이수, 최소 두 차례 이상 보호시설 방문, 사전 인터뷰, 입양될 집 현장 방문, 입양 후 보호시설과 꾸준한 연락 등 까다로운 조건을 정한 곳도 있습니다. 유기동물이 또 한 번의 상처를 받지 않도록 하기 위한 절차이므로 입양자의 이해가 필요합니다.

책임비와 치료비를 내야 할 때도 있는데요, "내가 유기동물을 입양하는 데 돈까지 내야 하냐"는 사람도 있지만, 유기동물이라고 무조건 공짜로 입양한다는 생각은 버려야 합니다. 그 동물에 최소한의 책임을 지겠다는 의미이기 때문입니다. 절차보다 우리의 마음가짐이 더 중요합니다. 유기동물은 이미 한 번 이상 사람에게 상처를 받은 경험이 있다는 점을 결코 잊어서는 안 되겠죠?

퍼피워킹, 은퇴견, 실험견

유기동물 입양 외에도 '다른 동물을 도우면서 떠난 반려동물에 대한 고마움을 조금이나마 보답하는 입양'이 있습니다. 유기동물 입양만큼 의미 있는 동물 입양을 소개해드릴게요.

먼저, 퍼피워킹(Puppy Walking)을 돕는 방법이 있습니다. 퍼피워킹은 생후 7주 된 안내견 후보 강아지들을 가정에서 1년간 돌보는 과정입니다. 안내견 후보견들은 본격적인 훈련을 받기 전에 1년 동안 일반 가정에서 반려견으로 생활하며 사람과 함께 지냅니다. 기본적인 에티켓을 배우고, 백화점에 가보고 지하철도 타보는 등 다양한 경험을 통해 사회화 과정을 거치게 되죠.

안내견 후보견의 퍼피워킹에 참여하여 후보견들을 돕는 사람을 퍼피워커(Puppy Walker)라고 부르는데요, 누구나 퍼피워커가 될 수 있는 건 아닙니다. 강아지를 돌볼 사람이 가정 내에 상주해야 하고, 실내 사육이 가능해야 합니다. 미취학 자녀가 없어야 하고, 사후 관리가 가능하도록 안내견 학교와 가까운 지역에 거주해야 합니다. 매일 2~3시간 산책도 시켜줘야 하고, 강아지를 오랫동안 혼자 둬서도 안 되죠. 퍼피워킹은 '시각장애인 안내견의 성장'을 돕는 자원봉사활동입니다. 그래서 퍼피워킹을 할 동안 반려견 양육비용은 전액 지원됩니다. 월 1회 방문 관리도 이뤄집니다.

퍼피워킹뿐만 아니라, 안내견 은퇴견을 입양하는 방법도 있습니다. 수년 동안 시각장애인을 훌륭히 돕고 은퇴한 안내견이 가족의 일원으로 여생을 행복하게 보낼 수 있도록 돕는 활동이죠. 안내견 은퇴견 입양도 중요한 자원봉사활동입니다.

은퇴견 입양도 조건이 있습니다. 실내 사육을 원칙으로 반려견을 아껴줘야 하며, 안전한 사육 환경을 갖춰야 합니다. 주기적인 산책도 해줘야 하고, 건강과 생활에 이상이 없는지 안내견 학교와 수시로 연락해야 하죠. 자세한 방법은 안내견학교 홈페이지에서 확인할 수 있습니다.

마약탐지견, 인명구조견, 군견, 경찰견 등의 '특수목적견' 은퇴견을 입양하는 방법도 있습니다.

과거에는 군견이나 경찰견이 은퇴하면 안락사되거나 수의과 대학, 연구소 등에 기증되는 경우가 많았습니다. 저도 수의대학생 시절 군견 은퇴견으로 해부학 실습을 했었죠. 하지만 법이 개정되면서 은퇴한 특수목적견의 민간인 분양이 가능해졌습니다. 육군, 해군, 공군, 해병대 등의 군견은 은퇴 후, 홈페이지에 '은퇴 군견 무상양도' 공고가 게재됩니다. 공군은 아예 '공군 군견사이버추모관(군견무상양도체계)' 사이트를 별도로 운영 중이죠. 관세청의 마약탐지견과 각 지자체 소방재난본부 및 119구조대의 인명구조견도 은퇴하면 일반인에게 무상 분양됩니다. 은퇴 특수목적견 입양을 위해서는 단독주택 거주, 견사시설 및 마당 확보, 동물보호법 준수, 매매(양도)/투견/식용견/번식 등 영리 행위 금지 등 까다로운 조건을 만족해야 합니다. 사람을 위해 평생을 희생하고 은퇴한 만큼, 남은 생을 안전하고 행복하게 살 수 있도록 배려하는 최소한의 장치입니다.

최근에는 또 하나의 은퇴견 입양이 가능해졌습니다. 바로 은퇴한 실험견 입양입니다. 우리가 먹는 약과 바르는 화장품 상당수는 동물실험을 거쳐 출시됩니다. 그래서 생각보다 많은 동물이 실험에 동원되죠. 우리나라에서만 2019년 한 해 동안 371만 2,380마리의 동물이 실험에 이용됐습니다. 매일 1만 마리 이상의 동물이 실험에 사용됐다는 뜻입니다. 더욱 충격을 주는 건, 실험동물 수가 매년 빠르게 증가하여 5년 만에 2배로 급증했다는 사실입니다.

　이 많은 실험동물은 실험이 끝나면, 어떻게 될까요? 안타깝게도 안락사됩니다. 동물보호법은 '동물실험을 한 자는 실험이 끝난 후 동물이 회복될 수 없거나 지속적으로 고통을 받으며 살아야 할 것으로 인정되는 경우에 가능한 빨리 고통을 주지 않는 방법으로 그 동물을 처리해야 한다'고 규정하고 있습니다. 그래서 동물실험이 끝나면 실험자들이 동물을 안락사합니다. 가혹하게 들리겠지만, 실험 후 회복 불능이거나 고통을 계속 느낀다면 1초라도 빨리 안락사하는 것이 오히려 더 인도적이거든요.

　그런데 실험 이후 회복될 수 있거나 고통을 받지 않으면서 살아갈 수 있는 실험동물들은 어떻게 될까요? 이런 경우도 대부분 안락사되는 게 현실입니다. 실험 후 동물이 건강한지를 평가할 수 있는 기준이 제대로 마련되어 있지 않고, 건강한 개체로 판단되어도 구제할 방법이나 근거가 없었기 때문입니다. 동물실험에 가장 많이 사용되는 개 품종은 '비글'인데, 2017년까지 우리나라에서 동물실험에 사용된 비글 15만 마리 중 살아서 실험실 밖으로 나온 건 단 21마리뿐이었습니다.

　그런데 몇 년 전, 큰 변화가 생겼습니다. 지난 2018년, 실험 후 정상적으로 회복한 동물을 일반인에게 분양·기증할 수 있도록 법이 개정된 것이죠! 실험견 분양 가이드라인까지 생겼습니다. 물론 법이 바뀌고 가이드라인이 생겼다고 모든 게 끝난 건 아닙니다.

실험견은 동물실험이라는 특수한 환경에 노출된 적이 있으므로, 정말 일반인 분양이 가능한지 판정되어야 합니다. 분양 이후 일반 가정에 잘 적응할 수 있도록 교육과 질병 예방도 이루어져야 하죠.

특히 적절한 소유주(보호자)를 찾는 게 중요한데, 소유주는 조언을 잘 받아들이고 입양 후 발생할 수 있는 문제에 대처할 의지가 있어야 합니다. 시각장애인 안내견, 특수목적견 은퇴견 입양과 마찬가지로 입양 후 해당 동물을 다른 목적으로 활용하지 않고, 평생 반려동물로 함께해야 한다는 조건도 있습니다. 입양해놓고 또 다른 실험이나 범죄 혹은 강아지 공장의 번식견으로 활용하는 일이 생기면 안 되니까요.

둘째 입양을 고민 중이신가요? 인간의 필요를 위해 동원됐던 도우미견, 특수목적견, 실험견. 이런 동물들이 여생을 편안히 보낼 수 있도록 도우면서 떠난 반려동물에 대한 고마움을 조금씩 갚아나가는 건 어떠세요?

< 남겨진 나의 마음을 정리하는 10가지 방법 >

① 충분히 슬퍼하기 & 주변 사람들과 슬픔 나누기

② 편지쓰기

③ 사진첩 만들기

④ 물건 간직하기

⑤ 나무, 꽃 심기

⑥ 펫로스 모임 나가기

⑦ 유기동물보호소 기부 및 봉사하기

⑧ 반려동물 추모일 챙기기

⑨ (준비가 되면) 유기동물 입양하기

⑩ (필요한 경우) 전문가 도움받기

4장

이별을
준비하는 방법

고양이는 세상 모두가 자기를 사랑해주길 바라지 않는다.

다만 자기가 선택한 사람이 자기를 사랑해주길 바랄 뿐이다.

-헬렌 톰슨(Helen Thomson)

나의 반려묘 루리

저에게는 14세이 된 반려묘 루리가 있습니다. 귀여운 '코숏(코리안숏헤어) 삼색이'이자 몸무게가 9kg에 육박하는 뚱냥이입니다. 루리를 처음 만난 건 2008년입니다. 당시 수의대학생이었던 저는 여름 방학을 맞아 집 근처 동물병원에서 실습하고 있었습니다. 그날은 비가 참 많이도 왔습니다. 퇴근하려던 순간 한 아주머니가 급하게 동물병원으로 뛰어들어왔습니다. 그 아주머니의 손에는 '눈도 못 뜬 작디 작은' 새끼 고양이가 들려있었죠. 그게 루리와의 첫 만남이었습니다.

아주머니 얘기를 들어보니, 집 근처에서 고양이 울음소리가 들려서 가봤는데 어미는 없고 새끼 고양이(루리) 한 마리만 울고 있었다고 합니다. 아주머니는 비에 젖은 고양이를 보자마자 '이대로 두면 죽을 것 같다'는 생각에 동물병원으로 데려왔습니다. 처량한 새끼 고양이의 울음소리를 무시할 수 없었던 것입니다.

사실 동물병원에서 유기동물을 받을 수는 없습니다. 원칙적으로 시청·구청 담당과에 신고해야 하죠. 원장님이 그런 내용을 설명하셨고 저는 원장님 뒤에 있었는데, 이상하게 계속 루리에게 눈길이 갔습니다. 지금 생각해봐도 신기한 순간입니다. 원장님께서 그런 제 눈빛을 느꼈는지 설명을 멈추고 갑자기 저를 돌아보고는 한마디 하셨습니다. "학범아, 네가 한 번 키워볼래?"

흔히 '고양이가 집사를 선택한다'는 말이 있는데, 저도 루리에게 선택(?)을 받은 것이죠. 그렇게 저는 퇴근과 동시에 루리를 집에 데려왔고, 하루아침에 집사의 길로 들어섰습니다. 반려동물을 입양하기 전 고려할 사항 중 하나로 '모든 가족 구성원의 동의'가 있는데요, 개인적으로 이 사항이 정말 중요하다고 생각합니다. 가족 동의 없이 루리를 집에 데려갔다가 크게 혼나고 말았거든요.

당시 저는 부모님과 누나, 그리고 반려견 '마니'와 함께 살고 있었습니다. 루리를 보자마자 부모님이 "집에 강아지도 있는데 고양이까지 데려오면 어떻게 하냐", "무서운 고양이를 왜 집으로 데려오냐"며 저를 혼내셨죠. 부모님 입장에서는 수의대 다니는 아들이 동물병원 실습을 하러 갔다가 갑자기 고양이를 한 마리 데리고 집에 오니 황당하셨을 겁니다. 한마디 예고나 상의도 없었으니까요.

그때 부모님은 고양이에 대한 선입견이 많았습니다. '고양이는 요물', '고양이는 도둑고양이'라며 아무 이유 없이 고양이를 싫어하는 분들이 많은데, 저희 부모님도 좀 그런 편이었습니다. 심지어 저희 어머니는 "눈이 무서워서 고양이가 싫다"고 하셨죠. 고양이의 눈을 옆에서 보면 각막이 동그랗게 튀어나와 있는데, 그게 싫으셨나 봅니다. 이처럼 루리는 처음에 '초대받지 못한 손님'이었습니다.

하지만 그 작은 생명을 다시 추운 길바닥으로 돌려보낼 수는 없었기에 그때부터 우리 가족은 어쩔 수 없는(?) '루리 돌보기'를 시작했습니다. 돌아가면서 직접 젖병에 우유를 담아 루리에게 먹이고, 30분 후 생식기 부분을 살살 만져 소변과 대변을 보도록 유도했죠. 흔히 고모나 이모가 "내가 어릴 때 너 다 키웠다. 기억나니?"라고 묻는 건, 아마도 예전에 우리를 이렇게 돌봤다는 걸 의미하는 게 아닐까 싶습니다.

고양이에 대한 부모님의 선입견은 루리를 돌보기 시작하고 며칠 만에 완벽히 사라졌습니다. 부모님이 고양이의 매력에 푹 빠지고 말았습니다. 부모님은 얼마 뒤부터 아예 "지하 주차장에 루리 닮은 고양이가 있더라", "교회 뒤에 길고양이들이 있어"라며 길고양이에 관심을 보이셨습니다. 루리를 돌보면서 고양이의 매력을 깨닫고 나니, 길고양이들이 눈에 들어오기 시작한 모양입니다. 그렇게 저희 부모님은 천천히 캣대디, 캣맘의 길로 들어섰고 매일 길고양이들에게 사료를 챙겨주었습니다. 한때 저희 집 급식소에는 아침마다 7마리의 길냥이들이 방문했습니다.

우연한 기회로 루리와 우리 가족이 인연을 맺고 하루아침에 고양이 집사가 됐습니다. 고양이를 무서워하고 싫어하던 부모님은 아예 캣맘과 캣대디가 되셨죠. 저도 루리 덕분에 고양이에 관심이 생겨 많은 공부를 했고, 고양이 보호를 위해 동물단체에 정기후원도 하고 있습니다. 2017년에는 10세을 맞은 루리를 위한 선물로《고양이님, 저랑 살 만하신가요?》라는 책도 썼죠. 그렇게 루리는 우리 가족에게 너무나도 많은 추억을 안겨주었습니다.

늙은 반려묘와 산다는 것

눈도 못 뜬 채 우리집에 왔던 루리는 어느새 14세의 노령묘가 되었습니다. 하루하루 루리가 늙어가는 것을 느낍니다. 어릴 때는 그렇게 새벽마다 우다다를 해서 잠을 깨우더니 이제는 우다다를 아예 하지 않고 움직임이 눈에 띄게 줄어들었습니다. 거의 온종일 잠만 자고, 아픈 곳도 조금씩 늘어나고 있습니다. 몇 년 전부터는 하부 요로기 질환에 걸려 처방식 사료만 먹고, 종종 동물병원에 가서 입원 치료를 받습니다. 다른 장난감에는 아예 반응을 안 하고 유일하게 레이저 포인터에만 반응을 보이는데 그것도 아주 가끔입니다.

제가 밥을 먹을 때면 언제나 옆으로 와서 앞발로 제 손을 툭툭 치며 음식을 달라고 조르던 루리는 이제 없습니다. 창문 밖에 새를 보면서 사냥 자세를 취하는 모습도 사라진 지 오래입니다. 간식은 없어서 못 먹던 루리였는데, 이제 웬만한 간식은 냄새만 맡고 자리를 떠나버립니다. 사료를 주자마자 순식간에 흡입하던 루리도 없습니다. 예전에는 사료 그릇에 사료가 남아있는 걸 본 적이 없었는데, 지금은 언제나 사료가 쌓여있습니다. 저희 집은 오래전부터 자동급식기를 사용했습니다. 정해진 시간이 되면 멜로디가 흘러나오고, 일정량의 사료를 떨어뜨려 주는 기계죠.

예전에 루리는 멜로디가 흘러나오기 몇 초 전에 급식기 쪽으로 달려와서 사료가 떨어지길 기다렸습니다. 아마 사람 귀에는 안 들리는 소리가 몇 초전에 나오나 봅니다. 그리고는 떨어지는 사료를 그대로 흡입했죠. 그렇게 사료를 흡입하던 루리는 몇 년 전부터 멜로디가 들려도 꼼짝 않고 잠을 청했습니다. 결국, 급식기에는 사료가 자연스레 쌓이고 루리는 자고 싶을 때까지 자다가 가끔 일어나서 자동급식기에 쌓여있는 사료를 몇 알씩 먹습니다. 나이가 들면서 스스로 자율급식을 선택한 것이죠.

흰 털도 늘어납니다. 눈과 턱 주변 털이 하얗게 변하고 있습니다. 색소가 침착하면서 눈 색도 점점 갈색이 되고 있습니다. 가장 큰 변화는 애교가 많이 늘었다는 점입니다. 운동량이 줄고 잠은 늘었는데, 반대로 애교가 많아진 건 참 신기합니다. 옛날에는 제가 며칠 동안 집을 비웠다가 돌아왔을 때만 '애앵~'하고 다가와서 몸을 비비던 게 유일한 애교였는데, 지금은 시도 때도 없이 다가와 몸을 비비고, 제 주변에 머물고, 조금만 쓰다듬어줘도 바로 골골송을 부릅니다. 가만히 있는 제 옆에 와서 몸을 기댄 채 자는 일도 많아졌죠. 나이가 들면서 외로움이 함께 늘어나기 때문일까요?

이런 변화들이 '시간의 흐름에 따른 자연스러운 노화 과정'이라는 걸 알면서도, 그걸 부정하고 싶어집니다. 노화를 인정해버리면, 그 뒤에 남은 게 '이별'밖에 없는 것 같거든요.

몇 년 전 유기견 출신 '꼬미'를 입양해 함께하고 있는 래퍼 '빈지노' 씨는 수의사들을 만난 자리에서 "수명을 늘려주는 약, 반려견이 영생하게 하는 약이 없냐"고 물었습니다. 현대 과학으로 불가능하다는 건 알면서도, 반려견과의 이별이 두렵고 피하고 싶은 것이겠죠. 저도 마찬가지입니다. 루리를 보면 애처로운 마음이 들고, 문득문득 불길한 상상을 하게 됩니다. 지금까지도 유일하게 먹는 간식은 '츄르'인데, 츄르를 짜주다가 갑자기 '얘가 떠나면 어떻게 하지?'라는 생각이 불쑥 떠오릅니다. 운전하다가, 자려고 침대에 누웠다가, 친구와 동물 얘기를 나누다가, SNS로 동물 영상을 보다가 불현듯 무서운 두려움이 찾아올 때가 있습니다. 2016년에 아버지를 먼저 보내드렸는데, 그때의 경험도 영향을 미치는 것 같습니다.

특히 이번에 펫로스 관련 책을 쓰면서 생각과 걱정이 더 많아졌습니다. 다양한 펫로스 증후군 사례를 찾아보고, 펫로스 증후군으로 힘들어하는 분들을 만나 이야기를 나누다 보니 '언젠가 루리도 떠날 텐데, 그럼 나는 어떻게 하지?'라는 걱정이 더 자주 듭니다. 머리로만 펫로스를 공부했지, 아직 마음으로는 루리와 이별할 준비가 되지 않았습니다.

수의학의 발전 덕분에 우리는 반려동물과 더 오래 함께하게 됐습니다. 매우 감사하게도 말이죠. 하지만 동시에 노령 반려동물이 증가하고 있으며, 만성질환이나 말기질환을 가진 반려동물도 많아지고 있습니다. 반려동물과의 이별을 걱정하는 분들도 점점 늘고 있죠. 저처럼 노령 반려동물과 함께하거나, 질병에 걸린 반려동물을 돌보는 분들은 이별에 대한 걱정이 많을 수밖에 없습니다. 이번 장은 반려동물과의 이별을 걱정하고 있는 분들을 위한 장입니다. 저를 포함해서요. 이별 전, 우리는 무엇을 준비해야 할까요? 어떻게 하면 남은 시간 동안 조금이라도 덜 아프고, 더 행복하게 지낼 수 있을까요?

네발 달린 스승

"차별 없이 우리에게 헌신하는 모습을 보면서, 나도 반려견처럼 사랑하고 싶다고 생각했다. 반려견은 최고의 롤모델이다."

미국의 유명 방송인 오프라 윈프리(Oprah Gail Winfrey)가 한 말입니다. 반려동물은 우리의 직업이 뭔지, 돈이 얼마나 많은지, 몸무게가 얼마인지 신경 쓰지 않고 우리를 사랑합니다. 아마 오프라 윈프리는 그런 반려동물의 모습을 보면서 '그렇게 사랑하고 싶다'고 생각한 것 같습니다. 이처럼 반려동물은 우리에게 조건 없는 사랑이 무엇인지 알려줍니다. 조건 없는 사랑을 알려준 반려동물은 마지막 순간에도 우리에게 가르침을 선사합니다. 노화와 죽음에 대해서까지 말이죠.

"폴로가 아픈 걸 보면, 내가 10~20년 뒤에 어떻게 아플지 읽히잖 아요. 폴로를 보면서 많은 생각을 하게 돼요."

"겁쟁이인 엄마는 골프를 통해 죽음이 덜 무서워졌단다. 골프는 분명 하늘나라에 갈 테니, 골프를 다시 만나기 위해 착하게 살게. 엄마도 하늘나라에 갈 수 있도록 말이야."

반려동물은 15~20년 남짓한 짧은 시간 동안 생로병사를 다 보여주면서, 각 단계마다 우리가 무엇을 해야 하는지 미리 알려줍니다. 인생의 선배처럼 말이죠. 오죽하면 '반려동물은 네발 달린 스승'이라는 말까지 있을까요?

저도 이렇게 이별이 빨리 올 줄 몰랐어요. 이별할 순간이 되니 시간을 붙잡고 싶더라고요. 후회를 남기지 않으려고, 아이를 살리기 위해 모든 노력을 다했어요. 그런데 지금 돌이켜보면 조금만 더 내 곁에 있기를 바라는 욕심에 아이를 더 힘들게 한 건 아닌가 싶어요. 마지막 순간이 다가오는 걸 직감하고, 유모차에 태워 아이가 평소 좋아했던 장소에 갔어요. 힘들어하던 아이가 안정을 찾고 편안해지더라고요. 남은 시간을 행복하게 보내기보다 1초라도 더 오래 살게 하려고 노력했던 제 자신이 후회됐어요. 아픈 반려동물과 함께하는 분들이 있다면, 아이와 시간을 더 많이 보내고, 추억을 더 많이 만들고, 사랑한다는 표현을 많이 해주라고 얘기하고 싶어요. 아이가 하늘나라에 가서도 '마지막까지 사는 동안 참 행복했다'고 느낄 수 있도록 말이에요.

동그람이 오디오클립 〈펫로스 상담소〉에 소개된 한 보호자의 사연입니다. 아이를 살리기 위해 욕심을 부리기보다 마지막 순간에 행복한 추억을 쌓길 바란다는 조언입니다. 수의학적으로 충분히 해볼 게 많을 때는 당연히 치료에 최선을 다해야 합니다. 그래야 나중에 후회가 남지 않을 테니까요. 다만 담당 수의사가 치료보다 '남은 시간을 아이와 잘 보낼 것'을 추천했음에도 어떻게든 완치와 수명 연장을 위해 노력하고 있다면, 그것이 아이를 위한 일인지 아니면 오로지 자신의 욕심 때문인지 생각해봐야 합니다.

우리가 죽으면 먼저 떠난 반려동물이 무지개다리 건너에서 우리를 기다린다고 합니다. 반려동물의 죽음까지 남은 시간 동안 행복한 추억을 많이 쌓을수록, 우리가 나중에 그곳에 갔을 때 마중 나온 반려동물이 우리를 더 빨리 찾아내지 않을까요?

반려동물은 '슬픔과 아픔'보다 '기쁨과 즐거움'을 더 중요하게 생각합니다. 아프다고 슬퍼만 하지도 않고, 평생 약을 먹어야 한다고 포기하지도 않죠. '순간의 행복'을 위해 최선을 다하며 작은 기쁨에도 즐거워합니다. 우리도 반려동물처럼 남은 시간을 더 알차고 행복하게 보내기 위해 노력해보면 어떨까요? 그게 네 발 달린 스승의 마지막 가르침일 테니까요.

"12세가 아니라 74세입니다"

내가 밥을 주지 않으면 당장 굶기 때문일까요? 반려동물은 언제나 아이 같습니다. 사람으로 치면 80~90세가 넘은 노령 반려동물도 나에게는 여전히 아이입니다. 그런데 반려동물의 생체시계는 우리와 다릅니다. 우리보다 훨씬 빠르게 흘러갑니다. 막내처럼 느껴지더라도, 이미 반려동물의 시계 침이 우리보다 훨씬 앞서 있는 경우가 많습니다.

그래서 반려동물의 나이를 사람 나이로 추정해보는 것이 중요합니다. 그래야 "아직 12세밖에 안 됐어요"가 아니라 "벌써 74세가 되었군요"라며 반려동물의 남은 시간을 잘 이해할 수 있거든요.

사람	소형견	중형견	대형견
2개월	2세	2세	2세
4개월	6세	6세	6세
6개월	10세	10세	10세
8개월	12세	12세	12세
10개월	14세	14세	14세
1년	16세	16세	16세
1년 6개월	20세	20세	20세
2년	24세	24세	24세
3년	29세	30세	31세
4년	34살	36살	38세
5년	39세	42세	45세
6년	44세	48세	52세
7년	49세	54세	59세
8년	54세	60세	66세
9년	59세	66세	73세
10년	64세	71세	80세
11년	69세	78세	87세
12년	74세	84세	94세
13년	79세	90세	101세
14년	84세	96세	108세

※개 사람 나이 추정 방법 (출처: 한국동물병원협회)

반려견의 사람 나이 추정 방법은 소형견, 중형견, 대형견에 따라 달라집니다. 소형견이 대형견보다 기대수명이 길기 때문입니다. 대형견은 소형견에 비해 노화가 더 빨리 진행돼서, 일반적으로 소형견이 대형견보다 오래 삽니다. 15세 넘은 말티즈는 쉽게 찾아볼 수 있는데, 15세가 넘는 그레이트 데인은 찾아보기 어려운 이유죠.

소형견, 중형견, 대형견 모두 만 2세가 되면 성인이 됩니다. 사람 나이로 약 24세에 해당하죠. 개의 2개월은 사람의 2세, 4개월은 6세, 6개월은 10세, 8개월은 12세, 10개월은 14세, 1년은 16세, 1년 6개월은 사람의 20세로 추정할 수 있습니다. 2세 이후로는 계산 방법이 달라지는데 이때부터 소형견의 1년은 사람의 5년, 중형견의 1년은 사람의 6년, 대형견의 1년은 사람의 7년으로 계산합니다. 예를 들어 소형견이 5세라면, 사람 나이로 39세에 해당합니다(2세까지 24+나머지 3년×5(15)). 반면, 대형견이 5세라면 사람 나이로 45세에 해당하죠(2세까지 24+나머지 3년×7(21)). 따라서, 반려견이 12세가 됐다면, 더 이상이 아기가 아니라 74세, 할아버지가 됐다고 생각해야 합니다. 그것도 소형견 기준으로 말이죠.

우리나라에서 가장 많이 양육하는 반려묘 품종은 '코리안숏헤어(코숏)'입니다. 흔히 말하는 잡종입니다. KB금융지주 설문조사에 따르면, 코숏이 우리나라 전체 반려묘 중 45.2%로 가장 많고, 러시안블루와 페르시안이 18.4%로 공동 2위를 차지했습니다. 반려묘 집사 2명 중 한 명은 코숏을 키우고 있다는 뜻입니다. 저처럼 말이죠. 결국, 우리나라 고양이 중 절반은 비슷한 유전자를 가지고 있습니다(길고양이 유전자라고 할까요?). '집 안에 있냐 집 밖에 있냐'만 다를 뿐이죠.

사람	집고양이	길냥이
2개월	3세	3세
4개월	6세	6세
6개월	9세	9세
8개월	11세	11세
10개월	13세	13세
1년	15세	15세
1년 6개월	20세	20세
2년	24세	24세
3년	28세	32세
4년	32세	40세
5년	36세	48세
6년	40세	56세
7년	44세	64세
8년	48세	72세
9년	52세	80세
10년	56세	88세
11년	60세	96세
12년	64세	104세
13년	68세	112세
14년	72세	120세

※고양이 사람 나이 추정 방법 (출처: 한국동물병원협회)

그런데 고양이의 사람 나이 추정 방법은 반려묘냐 길고양이냐에 따라 달라집니다. 똑같은 코숏인데 왜 나이 계산 방법이 다른 걸까요? 이유는 교통사고, 전염병, 해코지, 영양부족 등으로 길냥이들의 평균 수명이 3년밖에 안 되기 때문입니다. 안타까운 얘기죠. 교통사고나 전염병으로 죽지 않더라도, 영양부족 등으로 인해 길고양이의 기대수명이 집고양이보다 짧습니다. 그래서 고양이 나이를 사람 나이로 추정할 때는 길냥이의 나이를 더 많게 계산해야 합니다.

집냥이, 길냥이 모두 만 2세면 성인이 됩니다. 사람 나이로 24세에 해당합니다. 반려견과 똑같습니다. 고양이 2개월은 사람의 3세, 4개월은 6세, 6개월은 9세, 8개월은 11세, 10개월은 13세, 1년은 15세, 1년 6개월은 20세에 해당합니다. 2세 이후로는 계산 방법이 달라지는데, 이때부터 집고양이의 1년은 사람의 4년, 길고양이의 1년은 사람의 8년으로 추정합니다. 즉, 집고양이가 5세라면, 사람 나이로 36세에 해당합니다(2세까지 24+나머지 3년×4(12)). 반면, 길고양이가 5세라면, 사람 나이로 48세에 해당하죠(2세까지 24+나머지 3년×8(24)). 반려묘도 12세가 됐다면 64세에 해당하므로 노령묘로 봐야 합니다. 루리도 어느새 68세가 되었네요. 더 이상 아이도 아니고 우리집 막내도 아닙니다. 물론 기네스 기록을 보면 29년 5개월을 살았던 반려견도 있고, 38세까지 살았던 고양이도 있긴 합니다.

우리나라에서 많이 양육하는 소형품종을 기준으로 했을 때, 개·고양이 나이가 7세가 됐다면 노령화가 시작됐다고 보고, 11세가 됐다면 이제 노령견, 노령묘라고 봅니다. 미국수의영양학회(ACVN) 회장이었던 수의사 이베타 베크바로바(Iveta Becvarova)는 "개, 고양이가 7세가 되면 사람 나이 40대에 해당하므로 중장년층이라고 봐야 한다. 노령화가 시작되기 때문이다"라고 말했습니다. 그는 "11세부터 노령 반려동물이라고 보면 된다. 반려견이 11세면 사람 나이로 69세, 반려묘가 11세면 사람 나이로 60세에 해당하는데, 이는 사람의 은퇴 시기와 맞아 떨어진다"고 덧붙였습니다.

우리나라 국민은 40세와 66세가 되면 생애 전환기 건강검진을 받습니다. 그만큼 40세와 66세가 노화에서 가장 중요한 나이입니다. 반려동물에게는 이 나이가 7세와 11세입니다. 생각보다 빠르지 않나요? 그러니 아무리 반려동물이 어린아이처럼 느껴지더라도, 우리보다 생체시간이 빠르다는 점을 꼭 기억하고 나이에 맞는 건강관리를 해줘야 합니다.

다시 아기가 되는 반려동물

반려동물은 나이가 들면서 다시 아기가 되어가는 것 같습니다. 잘 걷지 못해서 보행보조기나 유모차를 타야만 밖에 나갈 수 있거든요. 잘 올라가던 계단이나 침대도 못 올라가서, 우리의 도움을 받아야지만 올라갈 수 있습니다. 그런 모습을 보면 하염없이 눈물이 나죠. 침대에 잘 올라가라고 계단을 설치해줬는데, 반려동물이 올라가다가 빠진 다리를 다시 들어 올리지 못해서 다리가 빠진 채로 가만히 있습니다.

현관 번호키만 눌러도 꼬리를 흔들며 달려나와서 반겨줬는데, 이제는 집에 온 것도 모른 채 계속 잠만 잡니다. 잠자는 시간도 늘었고, 매일 다니던 산책길에서 방향을 잃어버린 채 멍하니 '여기가 어디지?'라는 표정으로 멈춰서기도 합니다. 식욕이 떨어져서 밥도 잘 먹지 못합니다. 그렇게 좋아하던 간식도 안 먹고, 물만 먹어도 토할 때가 있습니다. 줄지 않는 밥그릇을 보면 마음이 미어지죠.

더는 잘 짖지도, 잘 뛰지도 못합니다. 시력이 떨어져 여기저기 부딪히기도 합니다. 점점 위생상태가 나빠져 물티슈로 몸 여기저기를 닦아줘야 합니다. 반려동물의 삶의 질이 감소하면서, 우리의 삶의 질도 같이 감소합니다. 신경 쓰고 챙겨줘야 할 게 많아지거든요. 그래도 떨어진 감각 덕분에(?) 그렇게 싫어하던 양치질이나 발톱 깎기, 목욕시키기는 오히려 수월해졌습니다. 나이 든 어르신들이 요양 보호사분들에게 온전히 몸을 맡기는 것처럼 말입니다.

동물행동의학전문가 김선아 수의사는 "노령 반려동물은 어린 반려동물과 점점 비슷해진다. 그래서 어린 반려동물에게 필요한 '규칙적인 운동', '건강한 식단', '산책, 놀이 등 정신적 자극'이 노령 반려동물에게도 필요하다"고 강조합니다. 처음 반려동물을 키우기 시작했을 때는 정보도 많이 찾아보고, 전문가들에게 질문도 많이 합니다. 그런데 반려동물이 나이가 들어가면 보호자의 그런 노력이 줄어드는 것 같습니다. 노령 반려동물도 어린 반려동물과 똑같다고 생각하고, 처음 반려동물과 함께할 때처럼 관심을 가지며 노력을 기울여야 합니다.

반려동물을 입양할 때는 '노화, 늙음, 죽음'을 전혀 생각하지 않았는데, 어느새 시간이 이렇게 흘러버렸습니다. 건강할 때는 그 시간이 영원할 것 같았는데 우리가 늙어가는 것처럼 반려동물들도 점점 나이를 들어갑니다.

"저도 무릎이 점점 아파져서 약을 먹고 물리치료를 받는데, 얘도 관절염 때문에 걷는 걸 힘들어하고, 치료를 받으러 다닌답니다."

"저는 눈이 점점 침침해져서 안경을 쓰고, 잘 안 들려서 보청기를 끼게 됐는데, 샘물이도 점점 여기저기 부딪히고, 제가 불러도 잘 못 듣습니다."

"식은 죽 먹기였던 계단 오르기를 에베레스트산 오르기만큼 힘들어하더라고요. 저도 관절염 때문에 등산이 점점 힘들어지는데, 저랑 똑같이 나이 들어가네요."

동물도 우리도, 함께 나이 들어갑니다.

노령 반려동물을 위한 인테리어

나이가 들면서 반려동물의 감각은 점점 둔화합니다. 시력도 떨어지고 청각도 나빠지죠. 여기저기 부딪히는 일이 늘어납니다. 만약 반려동물의 감각이 많이 감퇴했다면 집 안의 가구 배치를 바꾸지 않아야 합니다. 가뜩이나 시력이 안 좋은데 집 안 가구 위치까지 바뀐다면 더더욱 부딪히는 일이 많아지거든요. 그래서 전문가들은 '집에 노령 반려동물이 있다면 집 안 가구와 인테리어를 급격히 바꾸지 않을 것'을 추천합니다.

사람도 나이 들어가면서 퇴행성 관절염을 겪는 경우가 많은데요, 동물도 똑같습니다. 노령 반려동물 중 상당수가 관절염으로 고생합니다. 관절염 때문에 잘 올라가던 소파나 침대, 의자에 못 올라가고 낑낑거리며 올려달라고 조르는 일이 늘어납니다. 무리해서 올라가려다 떨어져서 다칠 수도 있죠. 이럴 때는 관절에 무리가 가지 않도록 경사로를 설치해주면 좋습니다. '강아지 경사로', '반려동물 슬라이드 계단' 등이 많이 출시되어 있으니 참고하길 바랍니다.

밥그릇, 물그릇의 높이도 높여주어야 합니다. 노령 반려동물은 근력이 약해져서 고개를 숙일 때 앞다리와 목 부분에 체중이 쏠리는 것을 잘 못 견딥니다. 노령 반려동물이 밥을 먹거나 물을 마실 때 불편해한다면, 그릇의 높이를 조금 높여주길 바랍니다.

가구 모서리 등에는 쿠션을 부착해주면 좋습니다. 부딪혔을 때 다칠 확률을 낮추는 겁니다. 어린 자녀가 있는 집에 가보면 TV 서랍장이나, 의자 모서리에 쿠션 같은 모서리 보호대가 설치돼있는 걸 종종 볼 수 있는데요, 이런 모서리 보호대는 감각이 떨어진 노령 반려동물의 부상 방지에도 큰 도움이 됩니다.

저는 5살짜리 남자 조카가 한 명 있습니다. 조카가 태어난 뒤로 누나 집에 가보면 모서리 보호대가 여기저기 설치되어 있고 뾰족하거나 잘 깨지는 물건은 아예 찾아볼 수 없으며, 푹신한 매트가 여기저기에 깔려있습니다. 그만큼 아이의 안전을 위한 인테리어를 한 것입니다. 노령 반려동물과 함께하는 우리도 안전을 위해 이런 노력을 기울여야 하지 않을까요? 노령 반려동물을 위한 인테리어, 이것만 기억해주세요!

"급격한 변화를 주지 말고, 위험 요소를 제거하자!"

"동물도 치매에 걸리나요?"

반려동물이 나이 들어가면서 보이는 대표적인 질병 중 하나가 바로 '치매'입니다. 흔히 "개, 고양이도 치매에 걸려요?"라고 묻는 분들이 많은데요, 반려동물의 치매인 '인지기능장애증후군'을 겪는 노령 반려동물이 생각보다 정말 많습니다.

'인지기능장애증후군'은 반려동물의 뇌 노화와 관련된 증후군입니다. 뇌 조직이 감소하고 β-아밀로이드가 침착되며 자각, 반응, 학습, 기억, 의사결정 능력이 감퇴하는 노령성 변화를 보입니다. 사람의 알츠하이머와 비슷하죠. 미국의 한 연구(Neilson J.C, Hart B.L, Cliff K.D & Ruehl W.W, 2001)에 따르면, 8살 이상 반려견의 약 14%, 15살 이상 반려견의 68%가 인지기능장애증후군을 보였다고 합니다.

영국에서 2016년에 발표된 논문을 보면, 8살 이상 반려견의 약 1/3 정도가 인지기능 저하를 보였고, 15살 이상 반려견은 2/3가 인지기능 저하를 보였습니다. 반려묘는 11살 이상에서 1/3, 15살 이상에서 약 절반 정도가 인지기능장애증후군을 보였습니다. 아직 우리나라에서 연구된 바는 없지만, 생각보다 인지기능장애증후군을 겪는 노령 반려동물들이 많습니다.

인지기능장애증후군의 대표적인 증상은 아래와 같이 6가지입니다. 노령 반려동물이 아래 6가지 중 1가지 증상만 보여도 적극적인 관리를 시작하는 게 좋습니다. 인지기능장애증후군이라 하더라도, 관리만 잘해주면 동물의 '삶의 질'을 높게 유지할 수 있고, 충분히 행복하게 지낼 수 있기 때문입니다.

1. "그렇게 좋아하던 노즈워킹을 안 해요"(A)

첫 번째 증상은 활동량(Activity) 변화입니다. 운동량이 감소하고, 호기심이나 탐험 행동이 줄어듭니다. 활동성이 떨어져서 무기력하고 우울해 보이죠. 좋아하던 놀이도 안 합니다. 앉아, 기다려 등 기본적인 명령어에 반응하지 않거나, 이름을 불러도 오지 않습니다.

2. "벽을 멍하니 바라봐요"(D)

두 번째 증상은 방향감각 상실(Disorientation)입니다. 벽을 멍하게 바라보거나, 구석에 머리를 박고 있습니다. 목적 없이 왔다

갔다 하기도 합니다. 특히 익숙한 장소에서 길을 잃어버릴 때가 있는데, 반려견의 경우 매일 산책하던 길에서 갑자기 멈춰서서 주변을 두리번거리거나 멍하게 있습니다. 문이 어디 있는지 못 찾아서 방에 들어가고 나오는 걸 못할 수도 있습니다.

3. "제가 집에 들어왔는데 인사하러 나오지 않아요"(I)

세 번째 증상은 상호작용(Interaction) 변화입니다. 가족을 못 알아보고 으르렁거리거나 짖을 수 있고, 공격성을 보이기도 합니다. 좋아하던 장난감이나, 친하게 지내던 다른 동물을 낯설어하기도 합니다. 혼자 있는 것을 좋아하고 인사 행동이 감소해서, 퇴근하고 집에 돌아올 때 반려동물이 먼저 다가와 인사를 건네는 횟수가 급격히 줄어듭니다.

4. "밤에 일어나서 짖어요"(S)

네 번째 증상은 수면(Sleep) 주기 변화입니다. 총 수면 시간은 늘어나는데 낮에 주로 잠을 자고, 밤에 깨는 수면 패턴을 보입니다. 새벽에 일어나서 짖기도 합니다.

5. "배변, 배뇨 실수를 해요"(H)

다섯 번째 증상은 배변, 배뇨 실수(House-Soiling)입니다. 평상시 잘 가리던 소변, 대변을 아무 데나 보고, 화장실을 잘 이용하지 않습니다. 실외 배변을 하는 반려견은 배변 전에 나가자고 요구하는 행동이 줄어들고, 밖에 나가도 배변을 하지 않아 집에 돌아왔을 때 배변 실수를 합니다.

6. "분리불안이 생겼어요"(A)

여섯 번째 증상은 분리불안(Separation Anxiety)입니다. 점점 불안 증상을 보이면서, 원래 없었던 분리불안증이 생기기도 합니다. 고양이는 분리불안이 없다고 생각하는 분들도 있지만, 반려견과 마찬가지로 반려묘도 분리불안이 생길 수 있습니다.

6가지 증상의 영어 단어 앞글자를 따서 A-DISH-A(에이-디쉬-에이)라고 부릅니다.

반려동물이 인지기능장애증후군을 보인다고 너무 걱정할 필요는 없습니다. 인지기능장애증후군은 완치할 수는 없지만, 관리를 통해 행복하게 지낼 수 있는 시간을 늘릴 수 있기 때문입니다.

우선 보조제나 전문 처방식 사료를 통해 인지기능 개선 효과를 기대할 수 있습니다. 최근에는 인지기능장애증후군 증상 개선은 물론, 일반 반려견에게 급여했을 때 주의력 향상과 총명함을 높여주는 제품들도 나와 있습니다. 경우에 따라서는 전문의약품으로 증상을 개선할 수도 있습니다. 따라서, 인지기능장애증후군이 의심되면 가장 먼저 동물병원에서 진료를 받아보아야 합니다.

신체적·정신적 운동도 중요합니다. 사람도 치매에 걸리면 고스톱을 치고, 암산도 많이 하라고 하잖아요? 마찬가지로 노령 반려동물에게도 놀이와 운동이 중요합니다. KONG, 노즈워크, 먹이

퍼즐 등과 같은 음식 장난감도 좋고, 행동 장난감도 좋습니다. 반려묘는 사냥놀이가 좋겠죠. 꼭 비싼 돈을 주고 장난감을 사야 하는 건 아닙니다. 택배 박스, 과자 상자, 휴지심 등으로 직접 만들어 줄 수도 있습니다. 유튜브에 '행동 장난감 DIY, 반려동물 놀이 장난감 DIY'를 검색해보면 쉽게 장난감을 만드는 방법을 배울 수 있답니다.

반려견에게는 산책도 매우 좋은 자극제가 되는데, 나가는 걸 귀찮아하고 걷기 힘들어한다면 유모차나 카트에 태워서라도 데리고 나가는 걸 추천합니다. 반려견이 냄새 맡는 걸 좋아한다면 밖에 나가서 세상 냄새를 맡게만 해도 도움이 되거든요. 마사지, 쓰다듬어주기 등도 반려동물에게 안정감을 주면서 동시에 뇌 활성화에 도움이 됩니다. 최근에는 수중 런닝머신, 레이저, 침 치료, 경사로, 밸런스디스크, 피넛볼 등의 운동치료 등 여러 가지 물리 재활 치료도 받을 수 있으니, 꼭 검색해보길 바랄게요. 이외에도 포근한 침대나 방석을 제공해주고, 아픈 곳이 있다면 통증 관리를 해줘야 노령 반려동물의 삶의 질이 크게 개선됩니다.

작별 인사를 할 시간이 있다는 것

반려동물이 암 같은 중증질환에 걸리면, 더 안타까운 마음이 듭니다. 마치 시한부 선고를 받은 것 같거든요. 하지만 반려동물이 중증질환에 걸린 것을 알게 되었을 때 너무 낙심하거나 포기해 버리면 안 됩니다. 치료 기회를 날릴 수도 있고, 남은 시간을 소중히 보낼 기회를 놓칠 수 있기 때문입니다.

"반려동물에게 암이 반드시 사형선고는 아닙니다. 암을 이겨내지 못한다고 하더라도, 최소한 이별을 준비하고 작별 인사를 할 시간을 가질 수 있습니다."

미국동물행동수의사협회(AVSAB) 소속 수의사인 안드레 무어

(Andrew Moore)가 한 말입니다. 안드레 무어는 그나리라는 프렌치 불독을 키웠습니다. 그나리는 5살 때 직장에 악성 종양이 발견되어 수술을 받았고, 8살 때는 어깨에 방추세포암종이 생겨서 수술과 방사선 치료를 받았습니다. 다행히 수술과 방사선 치료 효과가 좋아 체중을 회복하고 활력을 되찾을 수 있었죠. 안드레 무어는 그나리가 2번의 암을 이겨내는 걸 보면서, 깨달은 게 있습니다. 바로 반려동물이 암 같은 중증질환 진단을 받았다 하더라도, 긍정적으로 생각해야 한다는 점입니다. 보호자가 우울해하고 걱정이 너무 많으면, 반려동물도 힘이 빠지고 우울해하기 때문입니다. 그만큼 반려동물은 우리의 기분을 잘 알아채거든요.

"애 생일까지만 살게 해주세요."

수의사가 "남은 시간이 얼마 없습니다"라고 했을 때, 흔히 돌아오는 말입니다. 물론 수의사는 수의학적으로 최선의 노력을 다할 겁니다. 하지만 다음 생일이 오기 전에 반려동물이 소풍을 떠날 수도 있으므로 남은 시간을 어떻게 잘 보낼 수 있는지에 초점을 맞춰야 합니다.

"저도 젊었을 때는 바빠서 미처 이런 시간을 보내지 못했어요. 그런데 지금은 오히려 함께 산책하면서 풀도 보고, 꽃도 보고, 여유

있는 시간을 가지고 있어요. 남은 시간은 얼마 없지만, 편안하게 지내면서 '소소한 일상의 소중함'을 깨닫고 있습니다."

더 이상 밥도 잘 먹지 못하는 럭키의 보호자 혜선 씨는 럭키가 시한부 판정을 받은 뒤 많은 시간을 함께 보내고 있습니다. 혜선 씨도 젊고 럭키도 어렸을 때는 오히려 바빠서 시간을 많이 보내지 못했지만, 럭키가 떠날 시간이 다가오자 마지막 순간을 소중하게 보내고 있습니다. 마지막을 슬프지 않고 아름답게 마무리하는 모습입니다.

해는 언젠가 지기 마련입니다. 해가 뜨면 지는 게 자연의 이치입니다. 김선아 수의사는 "해가 한창 떠 있을 때도 좋지만, 일몰의 순간도 아름답다"고 말합니다. 반려동물의 마지막 순간도 슬픔과 고통으로만 채워지지 않고 아름다운 일몰이 될 수 있지 않을까요? 얼마 남지 않은 시간, 반려동물을 위해 무엇을 더 해줄 수 있는지, 펫로스 후 힘들 나를 위해 어떤 준비를 해야 하는지 함께 알아보겠습니다.

이별 준비하기

- 소소한 추억 쌓기

반려동물의 죽음이 예상되는 순간부터 함께하는 소소한 일상이 줄어드는 경우가 많습니다. 특히 만성질환이나 말기 환자를 돌보는 경우 더더욱 그렇습니다. 동물병원도 가야 하고, 먹여야 할 약도 많거든요. 마치 숙제를 하듯 병원에 다니고, 약을 먹이고, 보조제를 투여하면서 시간을 다 보내지 마세요. 바쁘고 여유가 없겠지만, 반려동물과 마지막으로 추억을 쌓을 수 있는 시간을 따로 마련해서 우리가 그들을 얼마나 사랑하는지 알려주길 바랍니다.

반려동물이 움직일 수 있다면 가장 좋아했던 장소에 함께 가고, 제일 좋아했던 음식을 주세요. 외출이 힘들다면 그저 소파에 함께 누워서 시간을 보내도 괜찮습니다. 반려동물 옆에 가만히 앉아서 눈을 마주 보고, 쓰다듬어 주고, 안아 주길 바랄게요.

- 같이 해보고 싶었던 일 하기

이별을 준비하는 또 다른 방법은 '같이 하고 싶었던 일을 다 해보는 것'입니다. '반려동물과 함께 해봐야지…'라고 생각했지만 못했던 일이나, '거기는 꼭 같이 가봐야지…' 했던 장소가 혹시 있나요? 하고 싶었지만 하지 못했던 일, 같이 가고 싶었지만 가지 못했던 장소들을 한 번 적어보세요. 일종의 버킷리스트를 만드는 겁니다. 여건이 되는 한 최대한 함께 다 해보는 거죠. 반려동물 촬영 전문 스튜디오에 가서 가족사진 찍기, 유명한 반려견 운동장 가보기, 같이 캠핑하기 등 하고 싶었던 활동을 후회 없이 해보세요. 물론 항상 반려동물의 컨디션을 최우선 순위로 고려해야 한다는 점을 잊지 말아야 합니다.

- 사진 찍기

이별이 시간이 얼마 남지 않았다면, 사진과 동영상을 많이 찍길 바랍니다. 아픈 반려동물의 사진은 분명 최고의 사진은 아닐 겁니다. 하지만 이때 사진을 남겨두지 않으면 나중에 '그때라도 사진을 더 찍어둘 걸…'이라고 후회할 수 있습니다. 사진 말고도, 발바닥을 찍은 종이처럼 반려동물을 기억할 수 있는 걸 많이 마련해두길 바랍니다. 펫로스 후 떠난 반려동물이 생각날 때마다 꺼내

볼 수 있도록 말이죠.

- 의미 되새겨보기

반려동물이 나에게 어떤 의미였는지 돌아보는 것도 필요합니다. 함께했던 시간 중에 가장 행복했던 추억, 반려동물과 함께하며 내가 배운 것, 미안했던 일 등을 찬찬히 생각해 보는 겁니다. 여러 순간을 떠올리고, 그때 느꼈던 감정들을 천천히 적어 보세요. 그리고 적은 내용을 반려동물에게 읽어주면서 다시 한번 나에게 와줘서 정말 고마웠다고 얘기해 주길 바랍니다.

- 자녀와 미리 얘기 나누기

어린 자녀에게는 펫로스가 인생에서 경험하는 '첫 번째 죽음'인 경우가 많습니다(1장 참고). 그래서 큰 충격을 받을 수 있죠. 따라서 어린 자녀와 함께 반려동물을 양육하는 부모라면, 반려동물이 떠나기 전에 미리 자녀와 이야기를 나누어야 합니다.

반려동물이 점점 늙고, 아프고, 곧 소풍을 떠나게 된다고 차분하게 부드러운 목소리로 자녀에게 얘기해 주길 바랍니다. 이런 과정을 통해 자녀도 펫로스 후 충격과 슬픔을 덜 느끼게 되고, 우리도 감정적으로 더 준비할 수 있습니다. 설명을 해줘야, 자녀들도 반려동물과 미리 작별 인사를 할 수 있겠죠?

- 장례 정보 미리 알아두기

반려동물이 떠난 뒤에 어떻게 할지 미리 결정해 두어야 합니다. 반려동물이 떠난 직후 큰 슬픔 속에서 이런 정보를 찾아보려고 한다면, 경황이 없어서 제대로 집중하기 어렵거든요. 동물병원을 이용할지, 장례를 할지 미리 정하고 장례를 할 거라면 어디서 할지도 정해놔야 합니다. 불법이거나 비윤리적인 동물장묘시설도 많으므로, 미리 합법적인 업체를 찾아보고, 연락처와 의뢰 방법까지 알아두는 게 필요합니다. 모든 가족 구성원이 함께 우리 반려동물을 위해 가장 좋은 방법이 무엇인지 미리 상의해 보길 바랄게요.

- 감정적으로 준비하기(공부하기)

반려동물과의 이별을 고통 없이 준비할 수 있는 완벽한 솔루션은 없습니다. 다만, 힘든 시기를 이겨내는 데 도움이 되는 관련 정보와 자료를 찾아보고 공부를 하면서 마음의 준비를 할 수 있습니다. 다양한 펫로스 증후군 사례를 미리 접하며 옆에 있는 존재에 대한 소중함을 깨닫는 동시에, 감정적으로 펫로스를 준비하는 것이죠. 같은 상황의 사람들끼리 서로 정보를 나누며 도움을 주고받을 수도 있습니다. 우리는 사랑하는 존재의 죽음을 받아들이고 감정적으로 극복하는 데 익숙하지 않습니다. 반려동물을 떠나보내는 것도 마찬가지입니다. 반려동물을 처음 키워봐서 그럴 수도 있고, 펫로스 슬픔을 드러내지 않는 한국 문화 때문에 그럴 수도 있습니다. 펫로스 후 감정에 대해 나 스스로 준비되지 않은 상태이죠.

반려동물이 없는 삶 속에서 내가 어떤 감정을 느끼게 될지는 잘 모릅니다. 그래서 펫로스 후 슬픔 단계를 미리 알아보고, 다양한 펫로스 증후군 사례를 공부하며 감정적으로 준비하는 게 필요합니다. 특히 펫로스 후 느끼는 부정, 분노가 정상적인 감정임을 이해해야 합니다. 이런 과정을 통해 나처럼 힘들어할 다른 가족 구성원도 도울 수 있습니다. 이 책이 여러분들이 감정적으로 준비하는 데 조금이나마 도움이 되길 바랍니다.

- **예측 슬픔 인정하기**

반려동물이 아직 떠나지 않았지만, 곧 다가올 이별을 생각할 때마다 슬픔, 분노, 죄책감 등을 느낄 수 있습니다. '예측 슬픔(anticipatory grief)'을 경험하는 겁니다. 특히 중증질환 말기 반려동물, 만성질환 반려동물을 돌보면 이런 감정이 더 생길 수 있는데, 너무 걱정하지 않으면 좋겠습니다. 이런 특수한 상황에서 '예측 슬픔'을 느끼는 건 당연한 일이거든요. 이럴 때는 그냥 이 슬픔을 인정하고 받아들이면 됩니다. 펫로스 후 슬픔을 피할 필요가 없는 것처럼, 예측 슬픔도 마찬가지입니다. 예측 슬픔이 느껴질 때는 오히려 '작별 인사를 하며 잘 마무리할 수 있는 기회'라고 생각해

야 합니다. 예측 슬픔이 느껴진다고 그것이 '포기'를 의미하는 게
아니라는 점을 기억해주세요.

반대로, 예측 슬픔이 느껴지지 않는다고 하여 '내가 정상이 아
닌가?', '내가 반려동물을 사랑하지 않는 것인가?', '다가올 죽음을
부정하고 있나?'라고 생각할 필요도 없습니다. 다가올 이별에 대
한 반응은 사람마다 모두 다르니까요.

- 주변 사람에게 도움 부탁하기

다가올 이별의 날에 우리를 도와줄 수 있는 사람이 있다면 좋
겠죠? 생각나는 사람이 있다면 미리 도움을 요청하길 바랍니다.
"우리 블랙이가 곧 떠날 것 같은데, 그럼 내가 많이 힘들고 슬플 것
같다"고 미리 걱정과 고민을 털어놓으세요. 그럼 "네가 울 때 어깨
를 빌려줄게", "동물병원에 갈 때 같이 가줄게"라고 말해주는 사람
이 있을 거예요. 펫로스 경험이 있는 사람이라면 더욱 내 걱정을
공감해 주고 도움을 줄 겁니다. 주변 사람에게 미리 도움을 요청
하는 게 필요한 또 한 가지 이유가 있습니다. '펫로스 후 도움을 받
는 것'은 물론, 내 걱정을 얘기하고 도움을 요청하는 과정에서 '지
금 나에게 필요한 게 무엇인지' 스스로 알게 됩니다.

펫로스 후 주변 사람의 도움이 중요하다고 말씀드렸는데요,
이별을 준비하는 단계부터 주변 사람들과 함께 걱정을 나눠보면
어떨까요? 도움을 요청하는 건 전혀 부끄러운 일이 아닙니다.

- 수의사와 이야기 많이 나누기

내 반려동물을 평생 돌봐 주셨던 수의사 선생님과 얘기를 많이 나누는 것도 좋습니다. 반려동물이 중증질환에 걸린 경우라면 질병이 앞으로 어떻게 진행되는지, 그때마다 내가 해야 할 일이 무엇인지, 떠날 순간이 오면 어떤 증상을 보이는지 미리 숙지해야 합니다. 장례업체를 고를 때도 수의사의 도움을 받을 수 있습니다. 단계별 치료 방법 선택이나 안락사 시점을 결정할 때도 수의사 선생님과 지속적으로 소통하는 게 중요합니다. 평생 우리 반려동물을 돌봐준 수의사 선생님이야말로 내 반려동물의 건강상태를 가장 잘 아는 분이니까요. 만약 다니는 동물병원이 24시간이 아니라면, 가까운 24시간 동물병원도 추천받아야 합니다. 응급 상황을 대비해서, 주치의 선생님이 추천해 준 24시간 동물병원의 위치와 연락처를 미리 알아두길 바랄게요.

수의사들도 보호자를 도울 준비가 되어있어야 합니다. 콜로라도 수의과대학 아르구스 연구소의 이사였던, World by the tail의 대표 로렐 라고니(Laurel Lagoni)는 "생애 말기 반려동물을 관리할 때, '보호자가 반려동물의 죽음을 미리 준비할 수 있도록 돕는 것'이 매우 중요하다"고 말합니다. 생애 말기 반려동물의 치료·관리뿐만 아니라 곧 이별을 겪을 보호자를 돕는 것도 수의사의 역할입니다.

- 호스피스 케어 고려해 보기

반려동물이 '아무런 도움 없이 집에서 혼자 쓸쓸히' 생을 마감하길 바라는 사람은 없을 겁니다. 그런데 현실적으로 24시간 내내 반려동물 옆에 있기는 불가능합니다. 반려동물이 곧 떠날 것 같아도 회사나 학교에 가야만 하거든요. 내가 회사나 학교에 있는 동안 반려동물을 맡아줄 친구가 있으면 좋겠지만, 친구를 못 구할 수도 있습니다. 친구를 구하더라도 그 친구가 마지막 순간에 반려동물을 제대로 케어하지 못할 수도 있습니다. 반려동물이 마지막 숨을 내쉴 때까지 통증 없이 편안하게 돌보는 것이 중요한데 말입니다.

예를 들어, 넥칼라를 쓰고 있는 아이라면 마지막 순간이 왔을 때 넥칼라를 제거하고 옷을 벗겨준 뒤 편안한 환경을 만들어줘야 합니다. 그러나 그 점을 알지 못하는 사람이라면 반려동물이 넥칼라를 한 채 불편하게 눈을 감게 됩니다. 이렇게 되면 '친구한테 맡기지 말고, 내가 옆에 있어야 했는데'라며 후회하고 죄책감을 느낄 수도 있습니다.

만약 내가 24시간 케어를 할 수 있어도 한계가 있습니다. 갑자기 반려동물의 상태가 악화되면 전문적인 대처를 못할 수 있거든요. 예를 들어, 반려동물이 너무 큰 고통을 느낀다면 곧바로 안락사가 요구되지만, 집에서는 안락사를 못 하므로 동물의 마지막 순간을 매우 고통스럽게 만들 수 있습니다. 이럴 때 바로 '반려동물

호스피스 케어'를 고려해볼 수 있습니다. 반려동물의 발을 의미하는 포우(Paw)를 넣어 '포스피스(Pawspice)'라고 부르기도 합니다.

사람에서의 호스피스 케어는 신체적·정서적·사회적·영적으로 고통받는 환자, 특히 말기 환자들의 고통을 경감시켜주고 남은 생을 편안하고 의미 있게 보낼 수 있도록 돕는 행위를 말합니다. 환자는 물론 환자 가족도 돕죠. 포스피스 케어도 마찬가지입니다. 포스피스 케어는 반려동물이 떠나는 그 순간까지, 최소한의 삶의 질을 유지하고 편안하게 숨을 쉬다가 눈을 감을 수 있도록 돕습니다. 신체적인 것뿐만 아니라 정서적으로도 도움을 주고, 고통을 경감시켜줍니다. 특히 반려동물 환자와 더불어 보호자의 삶의 질도 높여주죠. 반려동물도 사람처럼 평화롭게 생을 마감할 권리가 있습니다. 반려동물이 어떤 상황에서도 고통 없이 평화롭게 떠날 수 있도록 '포스피스 케어'를 고려해보길 바랍니다. 사실 몇 년 전 우리나라에도 전문적인 반려동물 호스피스 케어 센터가 생겼었는데, 그만 문을 닫고 말았습니다. 하지만 점차 반려동물 호스피스 케어를 담당하는 곳이 늘어날 것입니다.

- 전문가 상담받기

펫로스 후 펫로스 증후군이 너무 심하다면, 전문가의 도움을 받아보라고 추천했는데요, 펫로스 전에도 전문가의 도움을 받을 수 있습니다. 전문가 상담을 통해 반려동물과의 이별을 잘 준비할 수 있고, 이별 후 아픔을 이겨내는 힘을 얻기도 합니다. 우리나라에도 '펫로스 준비 상담'을 제공하는 전문 상담센터가 있습니다. '예측 슬픔'이 크거나 이별 후 겪을 펫로스 증후군이 너무 걱정된다면 펫로스 전에 미리 전문가 상담을 고려해보세요.

반려동물의 죽음을 예상하고 미리 준비하는 건 참 힘든 일입니다. '그날'에 대한 생각만 해도 고통스럽고 슬프기 때문이죠. 반려동물의 죽음을 상상하는 게 쉬운 사람은 없을 겁니다. 하지만 피할 수 없는 '그날'을 미리 준비하는 건 분명 이별 후에 도움이 됩니다.

2006년 발표된 논문(Hebert, Prigerson, Schulz, & Arnold)에 따르면 사랑하는 사람이 곧 죽을 것을 알게 된 가족과 친구들이 감정적으로 이별을 더 잘 준비했고, 이별 후 정신적으로 더 건강했다고 합니다. 반려동물과의 이별 후 느끼는 슬픔은 가까운 사람이 죽었을 때 느끼는 슬픔과 비슷합니다. 우리도 반려동물과의 이별을 미리 준비함으로써 감정적으로 더 잘 대처할 수 있고, 이별 후 정신적으로 덜 아플 수 있습니다.

이별 준비는 '포기'나 '치료 중단'을 말하는 게 아닙니다. '더 이상 반려동물을 사랑하지 않는 것'도 아닙니다. 이별 준비는 반려동물과의 마지막 순간이 '아름다운 일몰'이 되도록 노력하는 것이며, 우리 스스로 감정적으로 준비가 됐다고 느끼는 것을 의미합니다.

반려동물과의 이별을 미리 준비하여 남은 시간을 더 알차게 보내는 기회를 가질 수 있습니다. 살아있는 모든 생명체는 언젠가 떠난다는 것을 이해하고, 반려동물과의 마지막 시간을 아름답게 보내면 좋겠습니다.

사람보다 더 중요한
'반려동물 건강검진'

"로리야 정말 미안해. 네가 갑자기 밥도 못 먹고 쓰러져서 동물병원에 데려갔더니 쿠싱증후군이라고 하더라. 늘 통통하던 네 몸을 귀엽다고만 생각했는데, 그게 아파서 그랬던 거라니 정말 부끄럽고 미안했어. 미리 건강검진을 해줬다면 네가 쓰러지는 일은 없었을 텐데…"

평소에 건강검진을 해주지 않았다가, 반려견이 쓰러진 뒤에야 쿠싱증후군을 앓고 있다는 것을 알게 된 보호자의 후회입니다. 정기적으로 반려견의 건강검진을 해줬다면 생기지 않았을 일입니다. 더 빨리 진단을 받았을 수도 있고, 질병이 생기기 전에 관리했을 수도 있겠죠. 사람에게 정기 건강검진이 중요한 것처럼, 반려동물에게도 건강검진은 매우 중요합니다. 사실 사람의 건강검진보다 동물의 건강검진이 훨씬 더 중요합니다. 반려동물의 건강검진이 중요한 이유는 다음과 같습니다.

첫째, 반려동물의 수명은 사람보다 짧습니다. 반려동물의 평균 수명은 사람보다 훨씬 짧은 '15년' 정도에 불과합니다. 문제는 15년이라는 짧은 시간 동안 사람에게 생길 수 있는 모든 질병이 반려동물에게도 생길 수 있다는 점입니다. 반려동물의 정기적인 건강검진을 통해 질병을 미리 진단하고 예방하려는 노력이 중요합니다.

둘째, 반려동물은 통증을 잘 표현하지 않습니다. 반려동물은 말을 못 합니다. "배가 아파요. 동물병원에 데려가 주세요"라고 얘기하지 못하죠. 게다가 '야생에서의 본능'이 남아있어서, 아파도 티를 잘 내지 않습니다. 야생에서는 아픈 티를 내면 바로 포식자의 사냥 표적이 되어버리기 때문입니다. 반려동물이 건강해 보이더라도 정기적으로 건강검진을 해줘야 합니다.

셋째, 건강할 때의 검사 수치가 중요합니다. 반려동물은 자신의 증상을 수의사에게 설명할 수 없습니다. 따라서 정확한 진단을 위해 어쩔 수 없이 사람보다 더 많은 검사를 해야 할 때가 있습니다. 이때 평상시의 건강검진 결과가 있으면 큰 도움이 됩니다. 아플 때는 여러 가지 검사 수치가 변하는데, 건강할 때의 수치와 비교하면 반려동물의 상태를 훨씬 더 정확하게 파악할 수 있거든요.

개인적으로 "1년에 한 번 반려동물의 생일 때 '생일선물'로 건강검진을 해주라"고 추천해왔습니다. 그런데 최근에는 1년에 한 번도 부족하다는 의견이 많습니다. 반려동물의 생체시계는 우리보다 훨씬 빨라서, 반려동물에게 1년은 사람의 4~7년에 해당합니다. 1년에 한 번 건강검진을 해줘도 사람으로 치면 4~7년에 한 번밖에 건강검진을 안 받는 것과 같습니다. 사람도 40세 이후부터는 매년 건강검진을 받도록 추천되죠? 반려동물도 7세가 넘어가면 최소 6개월에 한 번은 건강검진을 해주는 게 좋습니다.

\<노령 반려동물 보호자를 위한 10가지 조언\>

① 집 안에 급격한 변화 주지 않기, 위험 요소 제거하기

② 소소한 추억 쌓기, 사진 찍기

③ 같이 해보고 싶었던 일 하기

④ 의미 되새겨보기

⑤ 장례 정보 미리 알아두기

⑥ 예측 슬픔 인정하고, 감정적으로 준비하기(공부하기)

⑦ 주변 사람에게 미리 도움 부탁하기

⑧ 주치의 수의사와 이야기 많이 나누기,
　(필요하면) 전문가 상담받기

⑨ 반려동물 호스피스 케어 맡기기

⑩ 정기 건강검진 해주기 & 미리 둘째 입양 고려하기

펫로스, 반드시 치유해야 할 상처입니다

펫로스 증후군에 대한 책 집필을 제안받았을 때 고민을 참 많이 했습니다. '내가 이런 책의 저자로 적합한 사람일까? 과연 잘 쓸수 있을까?' 하는 고민이었습니다.

어릴 때부터 동물을 많이 키워보고 펫로스로 슬퍼도 해봤지만, 이런 책은 저보다 감성적인 사람이 써야 한다고 생각했습니다. 저는 항상 '어떤 주장을 할 때는 과학적인 근거를 바탕으로 해야 한다'고 생각할 정도로 꽤 이성적인 사람이거든요.

하지만 펫로스를 겪고 힘들어하는 분들, 노령 반려동물과 함께하면서 곧 다가올 이별을 걱정하는 분들, "나는 하루라도 해피보다 더 오래 사는 게 바람이야. 그래야 해피를 끝까지 돌봐줄 수 있잖아"라고 말하는 어르신들, 그리고 힘들어하는 반려인을 돕고 싶은 분들이 '방법을 몰라서 어쩔 줄 몰라 하는 모습'을 보며 생각을 바꿨습니다.

'그런 분들에게 실질적인 솔루션을 제공하는 책이 필요하겠다'는 판단이 들었거든요. 지금까지 나와있는 펫로스 관련 자료와 책은 대부분 해외 실정에 맞춰져 있는 번역본입니다. 우리나라 현실을 고려한 자료는 거의 없는 게 현실이죠.

그래서 부족한 제가 감히 '우리나라 현실에 맞는 펫로스 관련 책'을 쓰게 됐습니다.

많은 사람을 만나고, 자료를 찾아보면서 우리나라에서 실제 도움을 받을 수 있는 책을 쓰기 위해 노력했습니다. 그러다 보니 책이 조금 딱딱해지고, 어려워진 것 같기도 합니다.

부족한 감성은 책을 쓰면서 만난 반려인들이 채워줬습니다. '호두' 보호자였던 김지완 씨, 《펫로스 사랑한다 사랑한다 사랑한다》의 저자이자 국내 최장수 반려견 '순돌이' 보호자였던 심용희 수의사님을 비롯해, '쉽지 않은 얘기를 저에게 들려준' 많은 반려인에게 진심으로 감사드립니다.

상담했던 실제 사례를 공유해주시고 다양한 자료를 제공해주신 서울 펫로스 심리상담센터 '안녕'의 조지훈 원장님과 '싼쵸아빠'로 유명한 강성일 반려동물장례지도사님, 여러 가지 조언을 해주신 동물행동의학전문가 김선아 수의사님께도 이 자리를 빌려 감사 인사를 전합니다.

마지막으로, 전문적인 지식을 바탕으로 부끄러운 제 글을 성심껏 감수해주신 김건종 선생님께 진심으로 감사드립니다. 선생님의 감수 글을 읽으며 많은 걸 느끼고 배울 수 있었고, 책의 완성도가 많이 높아졌습니다.

반려인이 죽으면, 먼저 떠난 반려동물이 무지개다리 건너편에서 우리를 기다린다고 합니다. 사랑하는 반려동물을 다시 만날 때까지 모두 건강하고 행복하시길 바랍니다. 감사합니다.